Grand Livre du Casse-Tête Optique

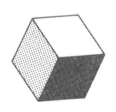   

Par Keith Kay, Charles H. Paraquin,
Michael A. DiSpezio, Katherine Joyce,
E. Richard Churchill, et Larry Evans

STERLING PUBLISHING COMPANY, INC., NEW YORK

The Main Street Press

10 9 8 7 6 5 4 3 2 1

Publié par Sterling Publishing Company, Inc.
387 Park Avenue South, New York, N.Y. 10016

Cette collection comprend du matériel adapté, provenant des ouvrages suivants :
Little Giant Book of Optical Illusions © Keith Kay
World's Best Optical Illusions © Charles H. Paraquin
Visual Thinking Puzzles © Michael A. DiSpezio
How to Make Optical Illusions © E. Richard Churchill
Astounding Optical Illusions © Katherine Joyce
Lateral Logic Mazes for the Serious Puzzler © Larry Evans
3-Dimensional Lateral Logic Mazes © Larry Evans

Illustrations des pages 118–135 par Nicholas Wade

Distribué au Canada par Sterling Publishing
a/s Canadian Manda Group, One Atlantic Avenue, bureau 105
Toronto (Ontario) Canada M6K 3E7
Distribué en Australie par Capricorn Link (Australia) Pty Ltd.
P.O. Box 6651, Baulkham Hills, Business Centre, NSW 2153, Australia

Fabriqué aux États-Unis
Tous droits réservés

Sterling ISBN 0–8069–3695–9

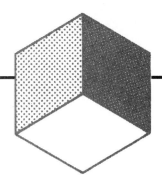

Table des matières

Illusions d'optique

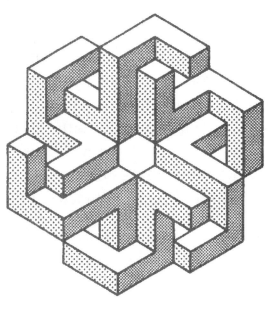

Les illusions d'optique sont des images qui trompent vos yeux et vos perceptions. Elles ne sont pas attribuables à une vision défectueuse ou à une suggestion psychique. Selon l'éclairage, l'angle ou la façon de dessiner l'image, vous pouvez voir des choses qui ne sont pas là—et souvent ne voyez pas ce qui saute aux yeux. Pourquoi cela se produit-il?

La réponse tient parfois au mode de fonctionnement de vos yeux. Lorsque nous utilisons les deux yeux, nous voyons un objet sous deux angles légèrement différents. Chaque oeil enregistre une vue distincte. Si vous n'utilisez qu'un oeil, regardez ce qui se produit:

Fermez votre oeil gauche. Fixez seulement le chien, éloignez et rapprochez le livre, devant vous. A un moment donné, le chat disparaît complètement. Vous avez trouvé votre point aveugle. Nous en avons tous un. C'est le point où le nerf optique quitte votre œil et où il n'y a pas de cellules nerveuses qui enregistrent une image. Si vous vous servez des deux yeux pour regarder le chien, vous n'avez pas de point aveugle. L'image de votre œil gauche complétera le blanc de votre œil droit.

Les lacunes de notre vision expliquent certains types d'illusions d'optique, mais pas tous. Nos yeux captent des impressions, mais c'est le cerveau qui les interprète. Le cerveau s'efforce toujours de comprendre ce qu'il voit. Bien que nous sachions comment fonctionne la perspective, nous allons au théâtre ou au cinéma et imaginons que nous sommes dans un autre monde, trompés par un décor ou des effets spéciaux. Nous regardons des magiciens et croyons à ce que les miroirs de renvoi nous présentent. L'illusion est partout—dans l'art et l'architecture, la mode et la publicité, dans la rue et à la télévision, voire au supermarché. Si nos yeux voient quelque chose que le cerveau ne comprend pas, notre raison «corrige» automatiquement l'image.

Voici une autre illusion :

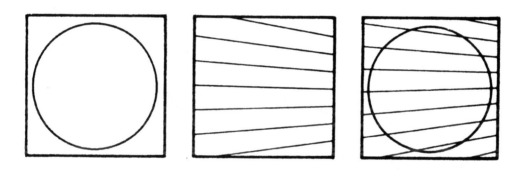

La boîte de la première image contient un cercle ordinaire. La deuxième comprend un champ de lignes inclinées. Mettez-les ensemble, et regardez ce qui se produit. Le cercle semble se transformer en ovale et la boîte, mal conçue. Vérifiez-les avec une règle et un compas. Vous verrez qu'ils sont exactement comme avant.

L'oeil humain n'atteint pas la perfection d'une lentille de caméra, mais il n'est pas défectueux pour autant—bien au contraire. Sa capacité d'adaptation est son point fort. Dans la pénombre, par exemple, nos yeux fonctionnent étonnamment bien. Après environ une demi-heure, notre vision s'ajuste à la noirceur et sa sensibilité augmente de 50 000 fois! À la noirceur, nous pouvons voir brûler une chandelle qui se trouve à une distance de 20 milles (32 kilomètres)!

Les oiseaux de proie (aigles et faucons) ont à la lumiére du jour une bien meilleure vision que les humains. Ils voient plus loin, mais ils souffrent de cécité nocturne. Certains autres animaux (hiboux, hérissons, chats) voient bien la nuit mais n'ont pas une vue très pénétrante. Nous, êtres humains, sommes donc chanceux. Nous voyons raisonnablement bien et le jour et la nuit.

Les humains ne sont d'ailleurs pas les seuls qui soient trompés par les illusions d'optique. Des essais en laboratoire effectués sur des poissons et des oiseaux aboutissent à une conclusion étonnante: ces animaux sont trompés presque aussi souvent que nous et, parfois, de la même façon!

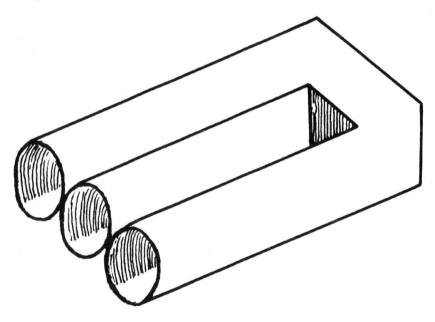

Erreur? Illusion? Travail d'artiste négligent?

Depuis des siècles, les scientifiques étudient les illusions d'optique, mais ils ne s'entendent toujours pas sur ce qui se produit alors et pourquoi. Vous trouvez de nombreux types d'illusions dans ce livre—trucs géométriques et physiologiques, illusions psychologiques—et vous apprendrez comment beaucoup d'entre eux fonctionnent. Mais ces illusions d'optique ne sont assurément pas *toutes* celles qui sont possibles. Le nombre de trucs servant à tromper vos yeux est presque infini. Ces illusions servent simplement à vous amuser, à vous inciter à explorer ce merveilleux passe-temps scientifique et, peut-être, même à inventer de nouvelles illusions.

Une suggestion: lorsque vous passez à une nouvelle image, regardez-la d'abord à l'œil nu. Ne vérifiez que plus tard avec une règle ou du papier à décalquer—lorsque vous n'en croirez pas vos yeux!

Une construction apparemment pratique. Pouvez-vous la construire?

Jumeaux: un des deux a meilleur appétit que l'autre. Lequel?

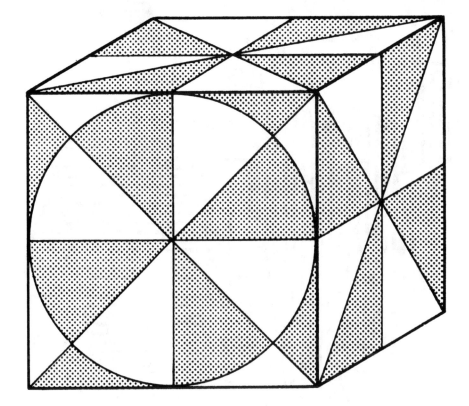

Est-ce que ce cube est plus haut et plus large derrière que devant?

Est-ce que cette lettre «E» penche ou s'enfonce?
Regardez-la sans arrêt durant trente secondes.

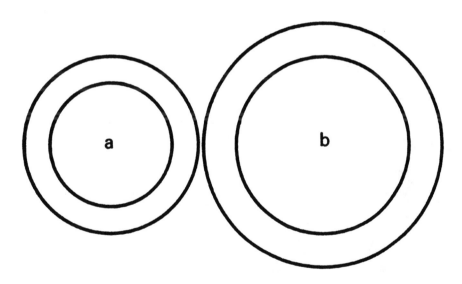

Est-ce que le cercle extérieur de «a» est plus petit que le cercle
intérieur de «b»?

Lequel de ces cinéphiles est le plus grand?

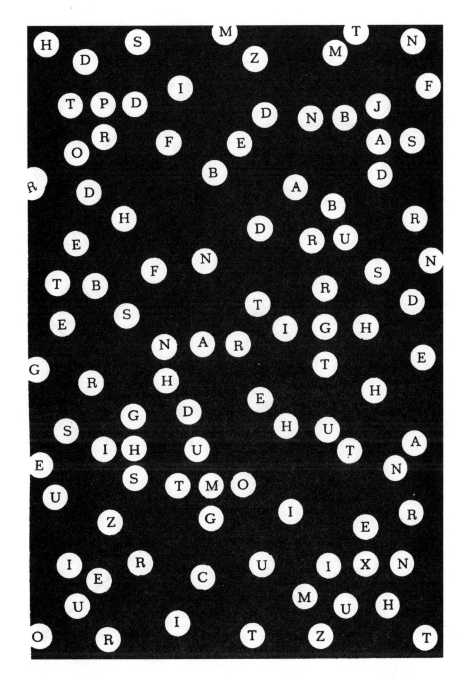

Dans cette foule de points, il y en a cinq disposés en forme de croix. Pouvez-vous les trouver?

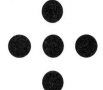

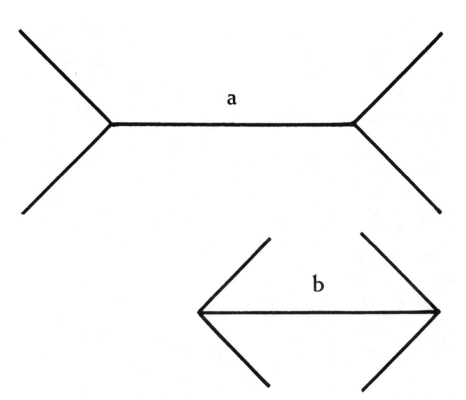

De combien la ligne «a» est-elle plus longue que la ligne «b»?

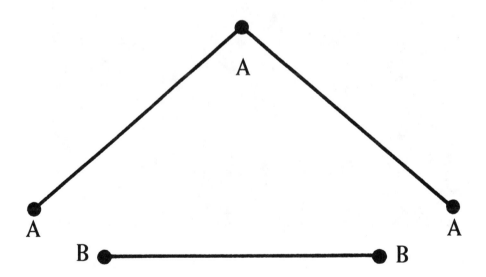

Est-ce que les deux côtés «AA» ont la même longueur que «BB».

Regardez les formes ci-dessous. Si quelqu'un vous disait que vous seriez incapable de les trouver—même si vous les aviez directement sous les yeux—croiriez-vous cette personne?

Les dessins suivants prouvent combien il est difficile de voir les formes et les chiffres dans un contexte inhabituel. Chaque forme est cachée une fois (même dimension) dans le diagramme correspondant. Par exemple, la forme numéro 1 est cachée dans le dessin numéro 1. La forme numéro 2 est cachée dans le dessin numéro 2. Pouvez-vous les trouver à l'œil nu? Essayez d'abord sans papier à décalquer!

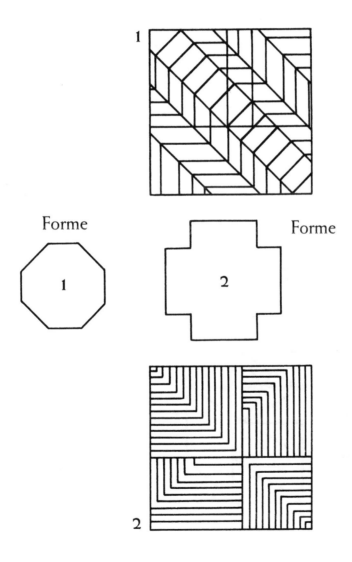

Forme

Forme

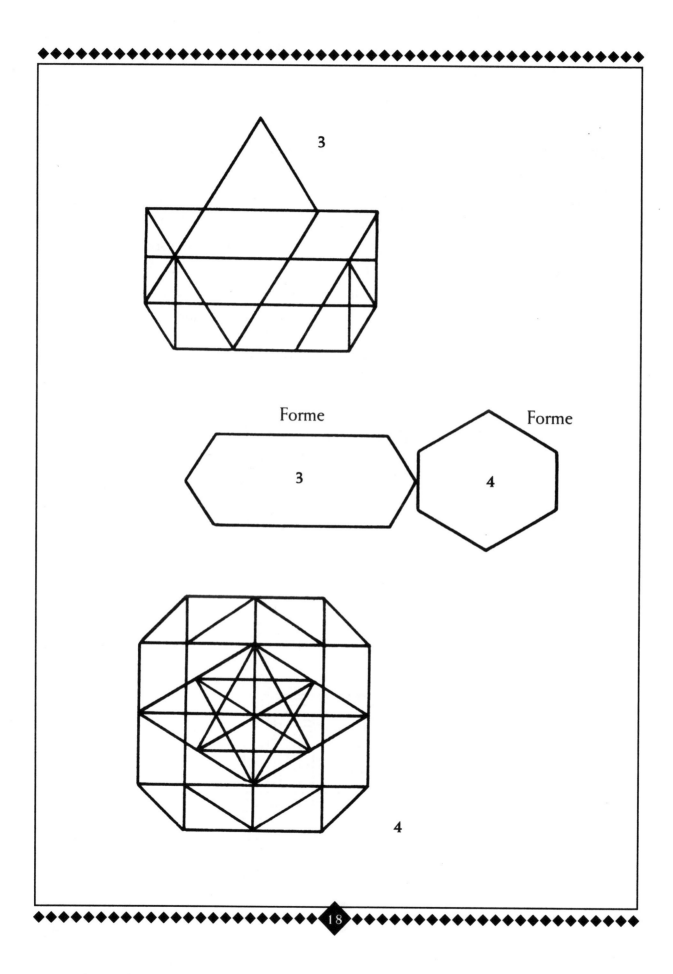

3

Forme

Forme

3

4

4

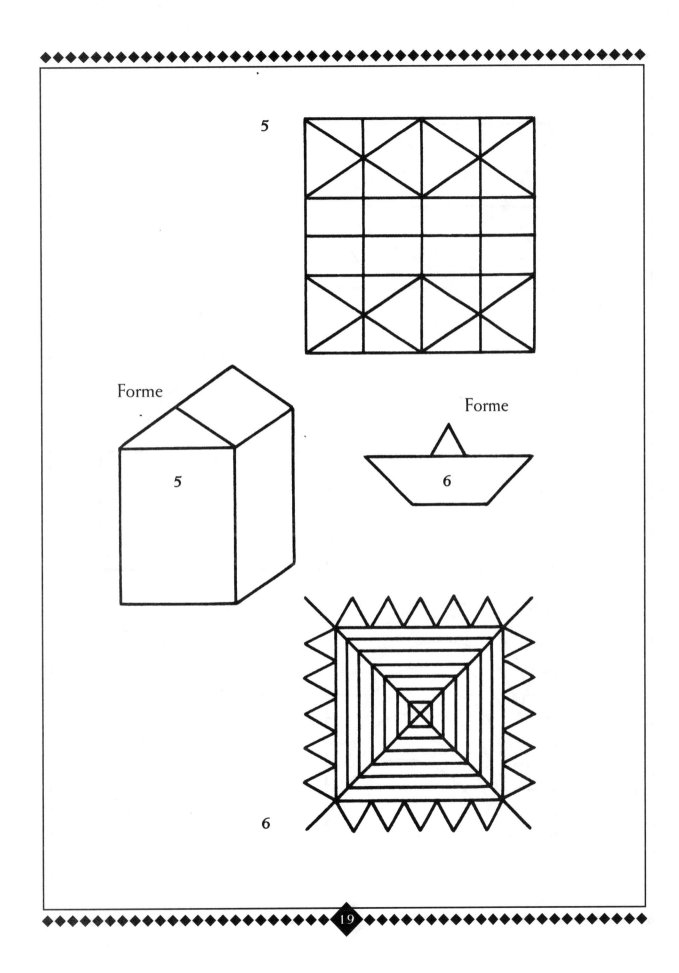

5

Forme

5

Forme

6

6

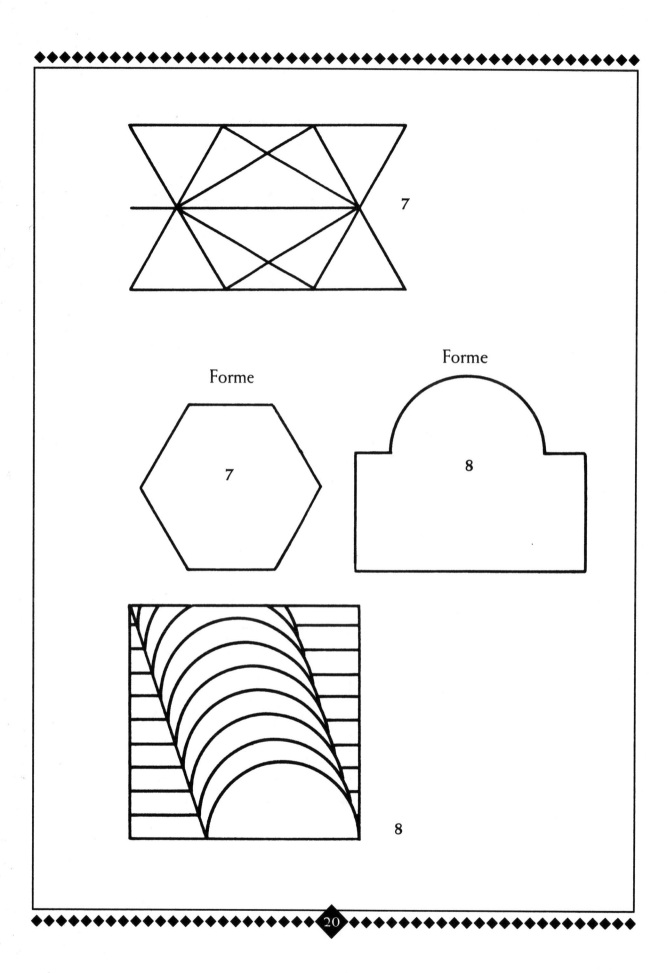

7

Forme

Forme

7

8

8

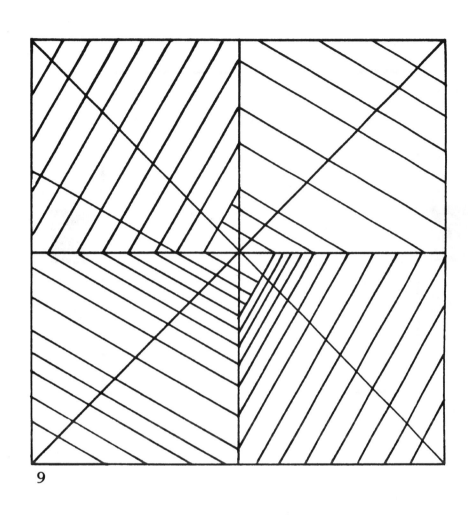

9

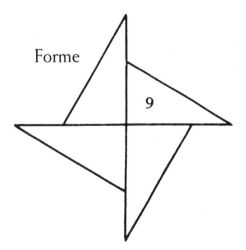

Forme

9

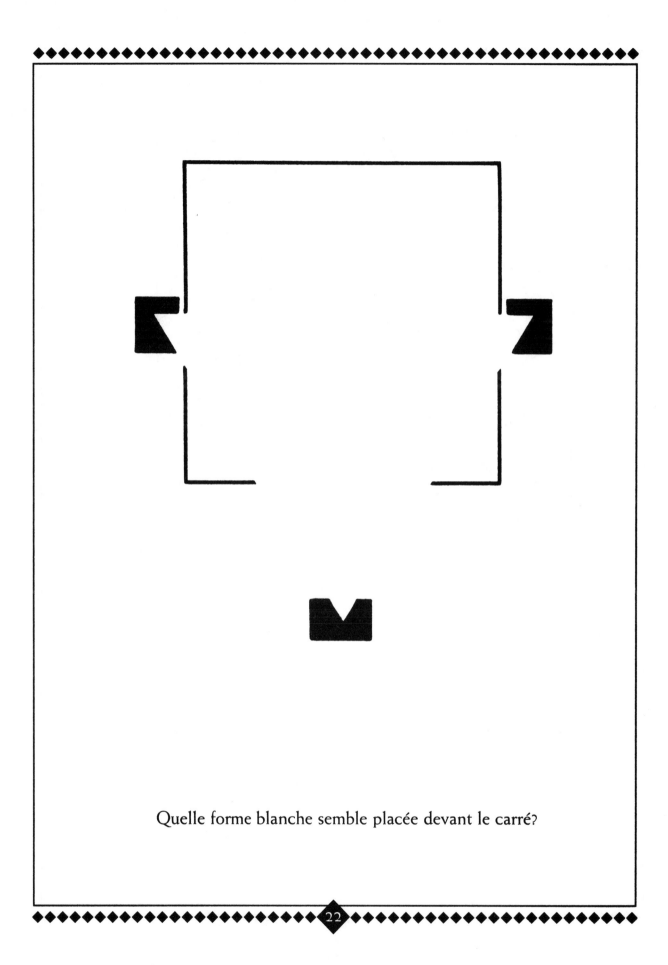

Quelle forme blanche semble placée devant le carré?

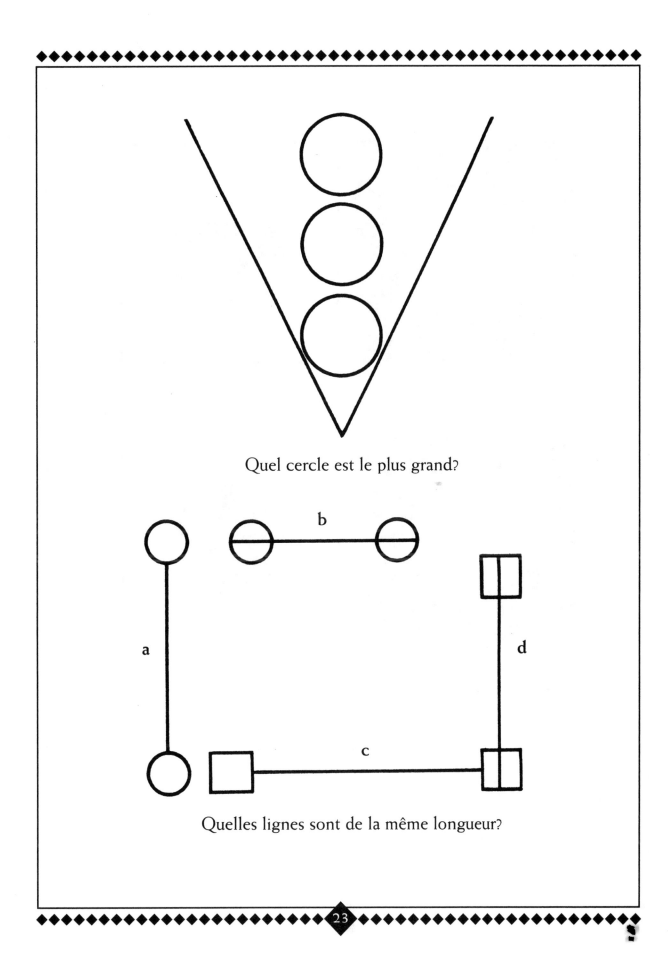

Quel cercle est le plus grand?

Quelles lignes sont de la même longueur?

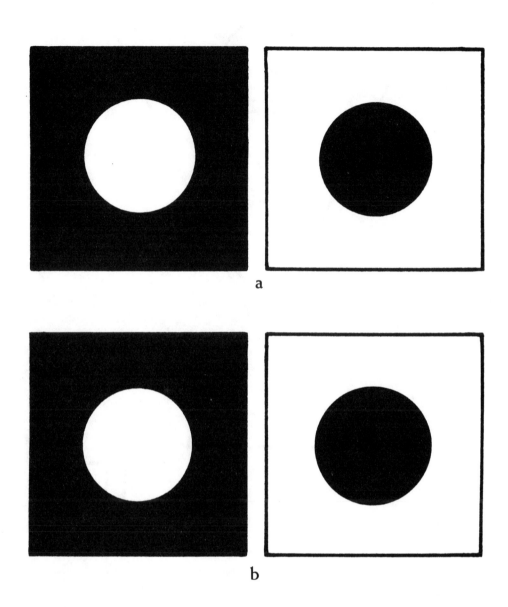

a

b

Quels cercles sont de la même grandeur? Ceux de la rangée «a»
ou ceux de la rangée «b»?

Quel oeuf de Pâques va dans quel coquetier?

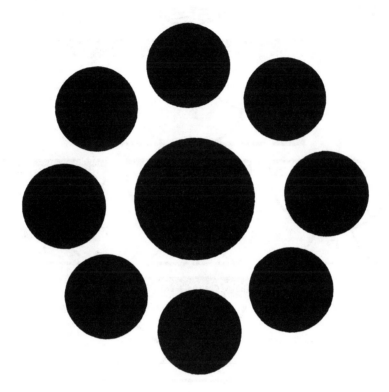

Quel cercle intérieur est le plus grand—celui de gauche?

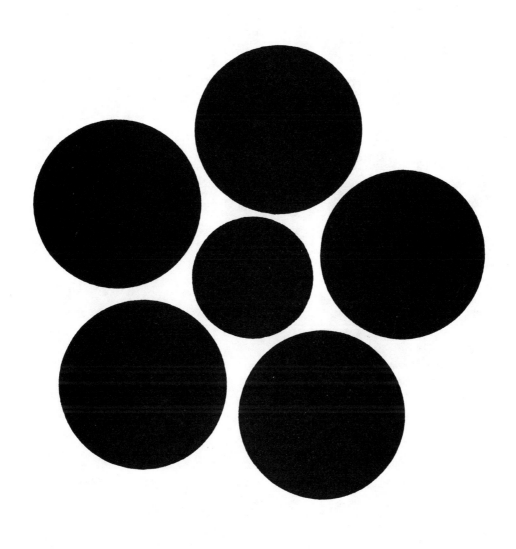

Ou celui de droite?

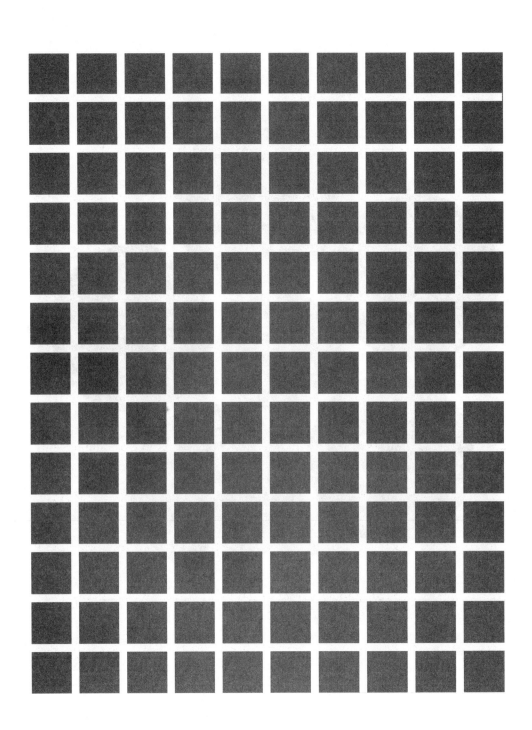

Quelle surface grise est la plus pâle?

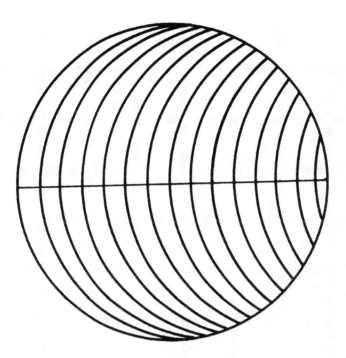

Pouvez-vous trouver le centre exact de ce cercle?

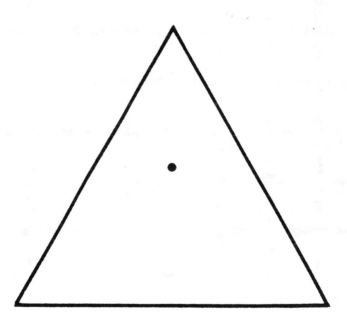

Est-ce que le point est à mi-chemin entre la pointe et la base du triangle? Ou est-il placé trop haut?

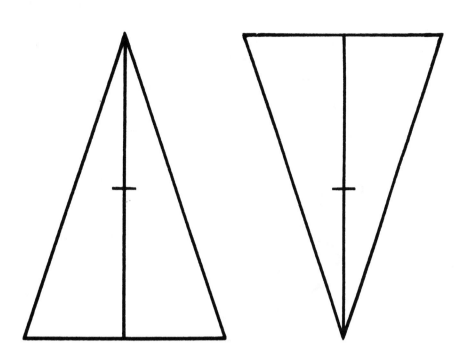

Est-ce que les barres transversales sont exactement au centre de la ligne centrale de ces triangles?

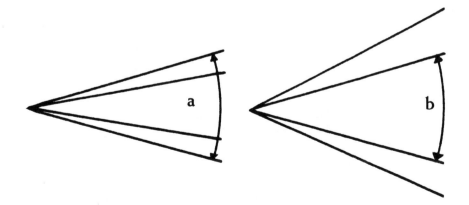

Est-ce que «a» est plus grand que «b»?

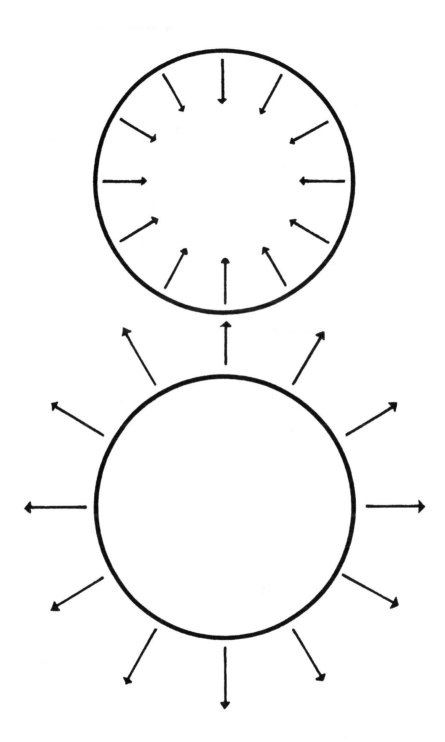

Quel cercle a le plus grand diamètre?

Quel est l'objet le plus long de cette image?

Casse-têtes visuels de réflexion

Tirez les conclusions

Vous n'avez pas besoin d'une boule de cristal pour prévoir l'avenir. Votre cerveau suffit.

La structure ci-dessous est constituée de trois pièces plus petites. Ces pièces sont réunies à l'aide de petites charnières à chaque point de contact. Supposons qu'il vous soit possible de tourner ces pièces. À quelles formes géométriques du bas de la page, ces pièces ressembleraient-elles?

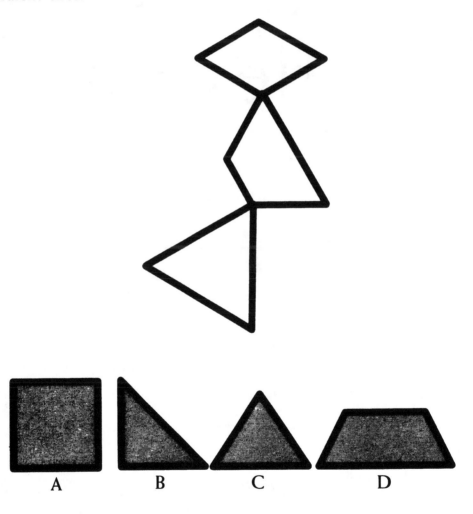

Morceaux de tarte

Plusieurs aptitudes sont liées aux éléments visuels qui demandent réflexion. Certaines des ces aptitudes sont plus difficiles à maîtriser que d'autres. Par exemple, la capacité de tourner mentalement les objets est parfois plus difficile à réussir que vous l'imaginez.

Essayez ceci: si vous assembliez ces pièces en vue de former un cercle, à quoi ressemblerait la forme tracée par les lignes intérieures des morceaux de tarte?

Dans l'espace

Laissons pour un moment ces casse-tête pour les yeux et le cerveau et allons simplement «dans l'espace».

Une astronaute quitte la navette pour travailler sur un satellite dés-activé. Elle arrive sur un coin de satellite (c'est un cube parfait) et con-state qu'elle doit marcher sur la surface de ce satellite, jusqu'au coin opposé. Afin d'économiser de l'oxygène, elle doit emprunter la route la plus courte. Est-ce que la voie prévue (identifiée par le pointillé) est la plus courte entre les coins opposés?

Une étoile est cachée parmi toutes ces conceptions. C'est une
étoile dirigée par quatre, environ 4 centimètres de long d'une
extrémité à l'autre. Pouvez-vous le trouver?

Clé de l'anneau

Vos nerfs optiques relient l'œil au cerveau. Cette «connexion» n'est pas passive. Pendant que les messages voyagent à l'aide de ce fil, l'information visuelle est analysée et triée. Arrivés au cerveau, les messages ont déjà été partiellement traités et analysés afin d'éviter les pertes de temps.

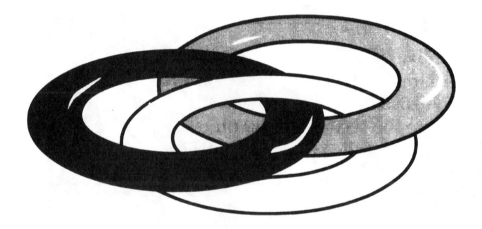

En fouillant dans une boîte d'anneaux, une bijoutière découvre les trois anneaux entrelacés ci-dessus. Elle décide de les séparer. Pendant qu'elle les examine, elle trouve une façon de les séparer tous en n'ouvrant qu'un seul anneau. Le pouvez-vous?

Corde fascinante

Un tuyau est situé au centre d'un étrange méandre de corde.

Supposons que la corde soit tirée par les deux extrémités libres. Est-ce que la corde sera prise par le tuyau ou non?

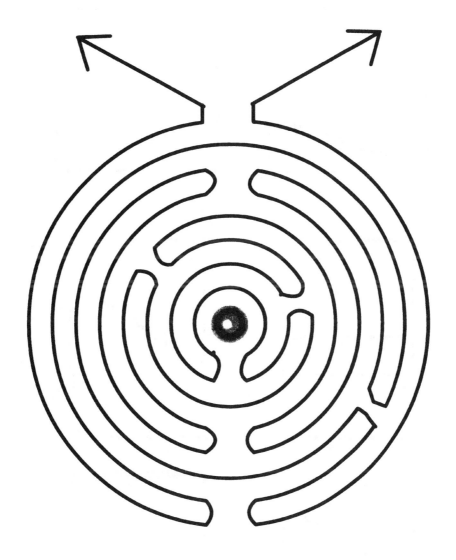

Superposition

Supposons que les valeurs illustrées par les deux graphiques ci-dessous soient additionnées.

Laquelle des quatre options, A, B, C ou D, ressemblera le plus au résultat de l'opération?

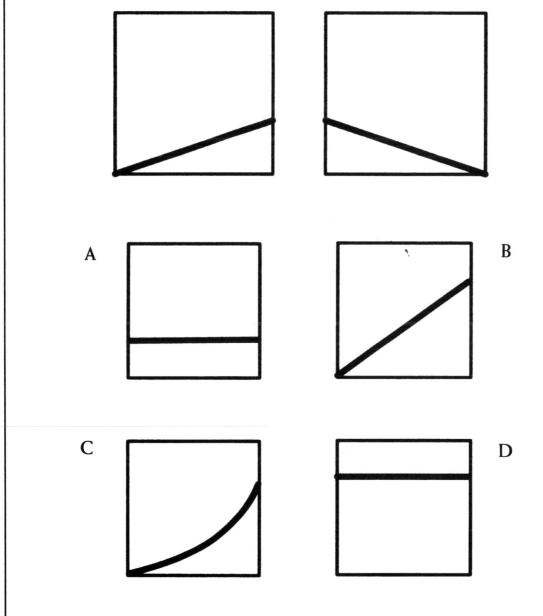

Faces visibles

Supposez que vous puissiez examiner sous n'importe quel angle la structure à cinq blocs ci-dessous (bien que caché, le cinquiéme bloc se trouve au milieu de la structure). Combien de faces de cube différentes pouvez-vous compter?

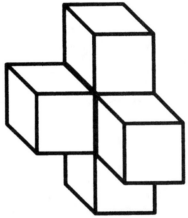

Supposez que le bloc caché (le cinquiéme) ait disparu. Combien de faces de cube seraient-elles maintenant visibles?

Examinez maintenant la structure à neuf blocs sous n'importe quel angle. Combien de faces différentes de cube pouvez-vous compter?

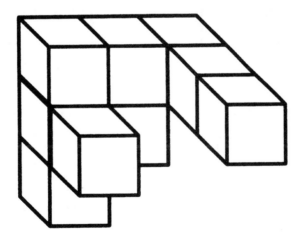

Profil impossible

Même si vous ne voyez pas toute la structure de blocs ci-dessous, vous pouvez affirmer des choses précises sur son apparence. Après avoir étudié la structure sous tous ses angles, trouvez un des quatre profils qui est une impossibilité.

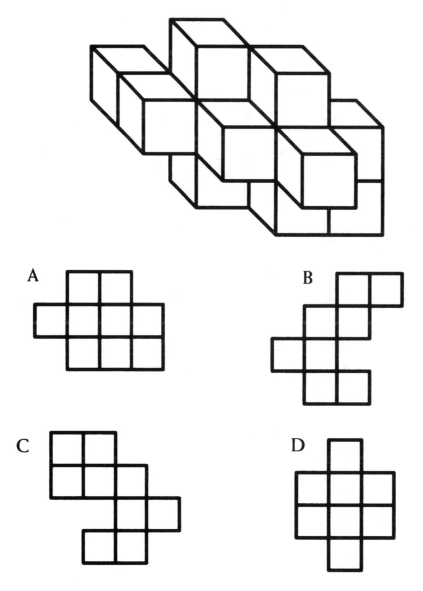

Plis pharaoniques

Lequel des pliages ci-dessous produit une forme qui ne ressemble pas aux autres?

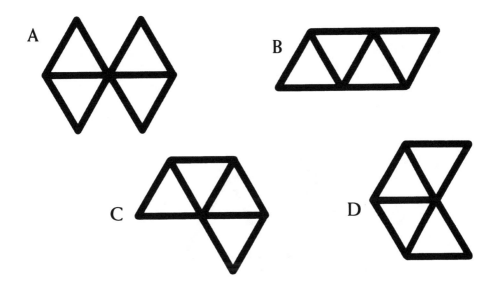

Entraînement du cerveau

Il y a deux voies ferroviaires parallèles qui relient les villes de Metropolis et de Gotham City. Chaque heure, un train part de chacune des villes et se dirige vers l'autre. Dans les deux directions, le voyage dure trois heures. Supposons que vous soyez à bord d'un train en partance pour Metropolis. Si vous comptez le train entrant à la gare de Metropolis au moment de votre départ, quel est le nombre total de trains entrants que vous croiserez au cours du voyage vers Gotham City?

Combien de triangles?

Combien de triangles équilatéraux pouvez-vous découvrir dans le dessin ci-dessous?

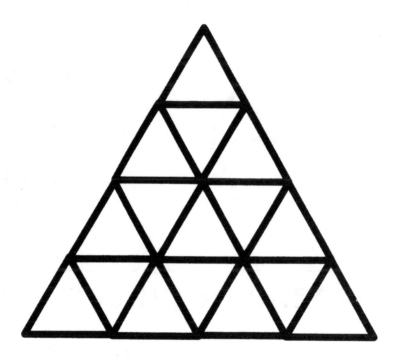

En route

Une armée de fourmis névrosées vit dans la jungle d'un pays éloigné. Au cours de leurs déplacements, des fourmis découvrent une piste faite de trois cercles superposés.

Voici le défi. Les fourmis doivent trouver une route couvrant toutes les parties de cette piste étrange. La route ne peut pas se croiser elle-même (les fourmis ne peuvent pas revenir sur leur pas ni retrouver un seul pas). Pouvez-vous découvrir leur route continue?

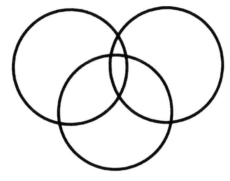

Voici la deuxième route; les mêmes restrictions valent.

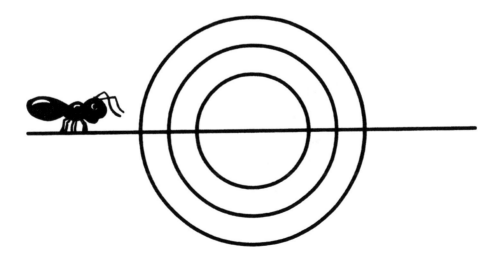

Arrêt - Pensez

Combien de voies différentes pouvez-vous emprunter pour traverser le labyrinthe octogonal ci-dessous? Du départ à l'arrivée, vous ne pouvez aller que dans la direction des flèches.

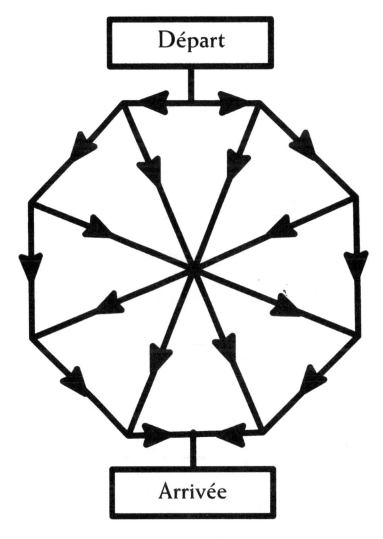

Tuyau: Il y a une façon de trouver la solution de ce casse-tête sans parcourir le tracé de chaque voie. Pouvez-vous découvrir cette stratégie?

Code circulaire

Quel chiffre va dans le segment libre?

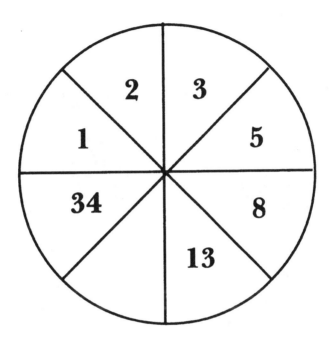

Poignées de main

Six personnes assistent à un gala pour penseurs visuels. Si tous les invités ont serré la main de tous les autres (une seule fois), combien y a-t-il eu de poignés de main?

Blocs

Quel motif de blocs ne ressemble pas aux autres?

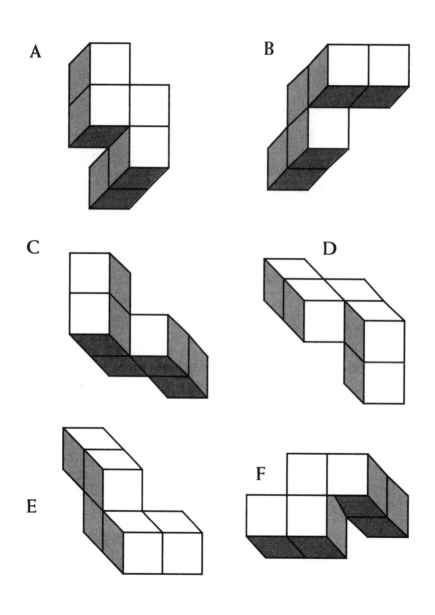

Pages inexplicables

Un coup de vent a séparé les pages d'un journal local. À partir des numéros de page ci-dessous, pouvez-vous trouver combien de pages contenait le journal complet?

Cube controversé

Quels deux cubes de la série A, B, C, D peuvent être construits en pliant le motif ci-dessous. Supposons que ce que nous voyons soit «l'extérieur» du motif.

A   B   C   D

Origine

Renversons maintenant le processus de réflexion. Pouvez-vous identifier le motif extérieur avec lequel le cube a été construit?

A   B   C   D

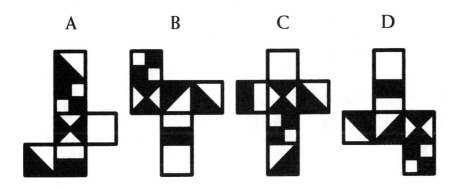

Grincement de dents

La roue A et la roue D ont soixante dents. La roue B en a trente, et la roue C, dix. Supposons que la roue B fasse 20 tours complets à la minute. Quelle roue tournera plus vite, A ou D?

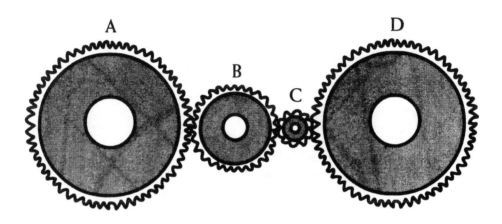

Affaire de mains

Examinez chacune de ces mains attentivement. Décidez ensuite laquelle ne ressemble pas aux autres?

Tourner en rond

Est-ce que les courroies et les roues sont bien disposés et tourneront librement pendant que la souris fait son jogging?

Cylindre

Si le motif ci-dessous sert à construire un cylindre, lequel des cylindres, A, B, C ou D, proviendra de ce motif?

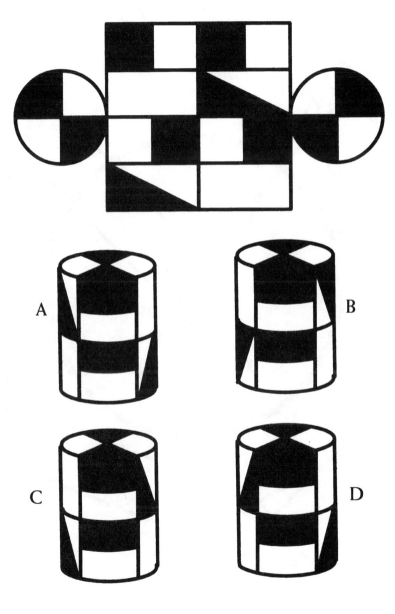

Dilemme

Les instruments d'un poste de pilotage sont disposés afin que le pilote puisse jeter un rapide coup d'œil aux indicateurs et savoir instantané- ment s'il y a un problème. Sur le panneau ci-dessous, un cadran se dis- tingue des autres. Pouvez-vous trouver rapidement lequel?

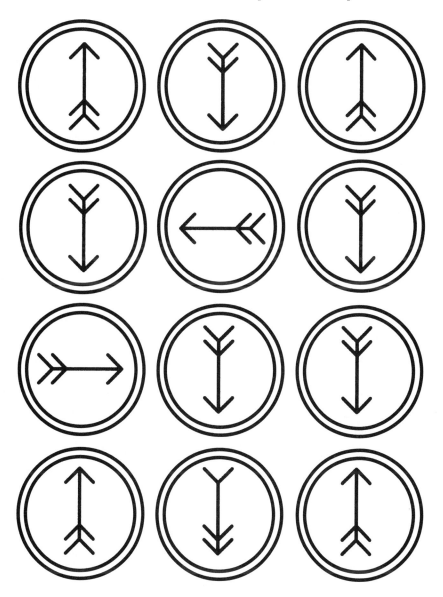

Labyrinthes
Tridimensionnels

Barricades

Partez de la flèche d'ENTRÉE et n'enlevez que DEUX barricades pour sortir du labyrinthe.

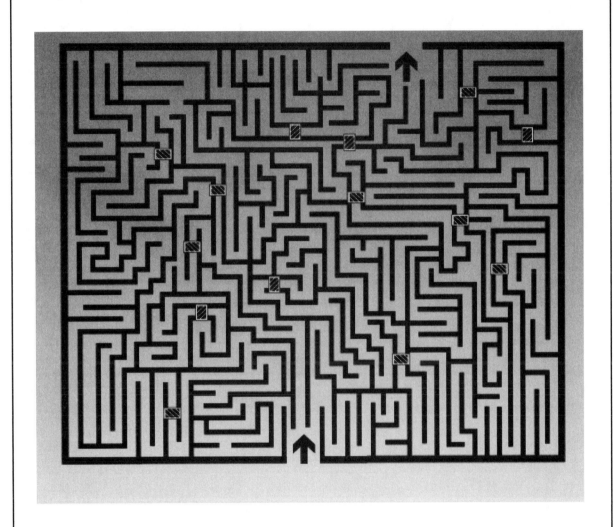

Presque directement
vers le bas

Entrez directement dans le labyrinthe à n'importe quel endroit, du haut, et suivez la voie noire qui mène à la sortie. Beaucoup de voies mènent à la sortie; vous pouvez toutefois remonter qu'UNE seule fois.

Au commencement

Commencez par le triangle. Visitez chaque cercle noir une seule fois, ensuite, retournez au triangle.

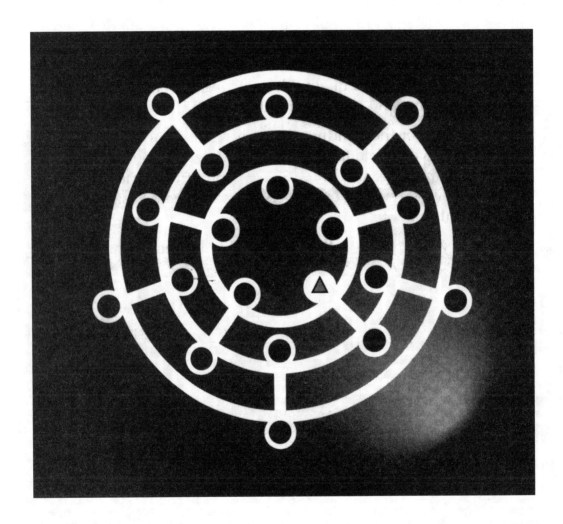

Portes et escaliers

Puisque vous avez maintenant une petite idée de ce qu'est le labyrinthe logique latéral, passons au prochain niveau. Les six casse-tête suivants vous demandent de vous imaginer dans le labyrinthe et de faire face à des portes ouvertes et fermées, à des escaliers, à des pièces étranges et à des murs sans portes.

Dans le labyrinthe de la page 64, vous entrez dans l'immeuble par la porte avant et passez dans chaque pièce logiquement. Le labyrinthe de la page 65 prolonge un peu votre voyage dans un immeuble. À la page 66, vous avez un immeuble de bureaux de trois étages. Faites bien attention lorsque vous monterez les escaliers de la page 66, car vous pourriez vous égarer.

Bonne chance au cours de vos voyages dans cette section. Nous nous reverrons lorsque vous arriverez à la géométrie des solides.

Murs seulement

Commencez à la flèche d'ENTRÉE et ne pénétrez qu'une fois dans chaque pièce fermée, ensuite sortez. Combien de portes devez-vous percer?

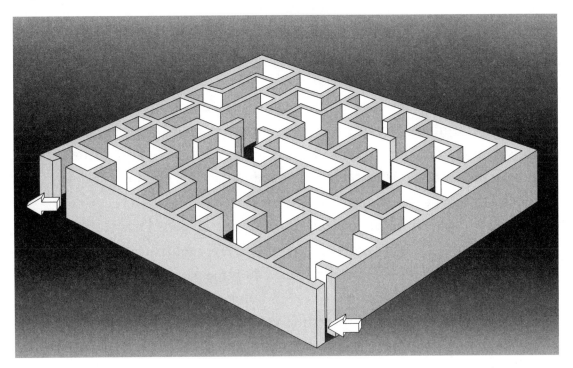

Maison mystérieuse

Dans ce labyrinthe de maison mystérieuse, n'ouvrez que CINQ portes entre la flèche d'ENTRÉE et la flèche de SORTIE.

Immeuble de bureaux

Entrez dans l'immeuble de bureaux. Entrez par la porte principale et sortez au même endroit. Vous devez visiter les trois étages à l'aide des escaliers. Vous avez l'autorisation d'ouvrir DEUX portes au cours de votre visite. Veillez à utiliser les bons escaliers.

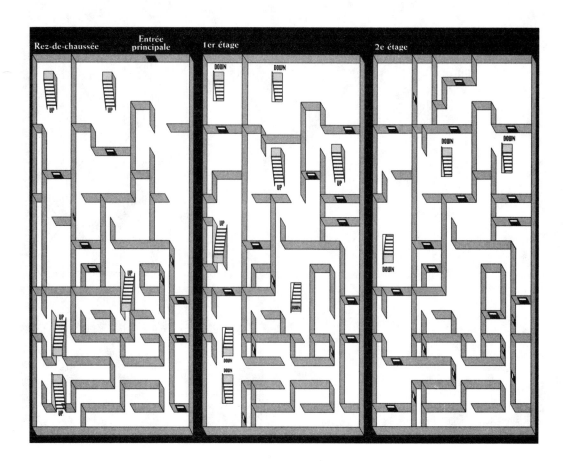

Une fois

Entrez dans le labyrinthe, franchissez TOUTES les portes, n'ouvrant qu'UNE seule porte. Vous ne pouvez passer par les ouvertures qu'une seule fois.

Chiffres amusants

Commencer par le numéro 3, au centre de ce labyrinthe. Déplacez-vous horizontalement ou verticalement de trois espaces. Déplacez-vous ensuite du nombre d'espaces qu'indique le NOUVEAU carré. Tentez de parvenir à n'importe quel carré contenant un symbole. Vous pouvez repasser sur chaque carré aussi souvent que vous le voulez.

❄	8	6	5	7	7	2	4	6	2	❄
8	3	9	6	3	8	3	9	5	6	4
4	9	5	3	6	9	9	4	6	8	9
6	8	3	9	7	3	4	4	2	5	4
2	5	8	3	4	9	3	2	3	9	1
4	2	4	6	9	3	5	8	3	9	2
9	5	6	2	6	7	9	2	6	8	2
6	3	8	4	7	4	8	4	9	9	6
5	8	5	4	4	7	5	9	4	8	4
2	7	4	2	5	7	2	9	2	8	6
❄	4	9	4	4	2	7	5	3	1	❄

Somme gagnante—Somme perdante

Commencez à 2 et allez dans n'importe quelle direction (même diago-nalement) vers un carré adjacent. Additionnez le numéro de ce carré à celui du carré que vous venez de quitter. La somme des deux nombres deviendra un numéro de carré adjacent (2 + 4 = 6, etc.). Allez-y. Recommencez le processus jusqu'à ce que vous atteigniez 100.

2	4	6	5	11	6	17	10	49	2	51	4	89	4	93	7	100
6	2	5	13	2	19	2	1	27	10	37	0	37	2	8	95	6
8	3	11	2	15	1	48	5	0	27	1	28	51	1	87	5	90
2	1	3	15	5	20	2	22	4	26	30	2	3	38	6	90	6
10	7	9	2	11	9	46	1	45	3	3	30	54	2	81	3	84
6	16	5	12	1	53	1	54	32	3	29	5	6	40	5	85	3
16	6	21	9	12	30	6	8	5	6	42	35	60	1	76	9	81
4	2	24	4	21	3	24	47	37	1	38	3	41	0	41	0	5
20	0	18	28	25	7	15	5	41	4	4	38	6	44	60	2	76
3	18	9	8	2	10	5	42	0	43	42	44	1	43	1	42	1
23	28	2	26	25	6	40	2	41	0	6	2	56	6	61	10	75
6	2	4	1	0	29	2	31	4	42	50	46	10	6	53	2	78
29	30	25	2	26	4	38	0	37	56	1	6	67	2	73	6	2
0	1	6	7	0	3	4	39	1	0	56	43	2	46	2	47	76
29	31	0	31	29	6	34	2	36	56	6	62	69	2	71	9	4
1	32	3	4	7	4	1	9	0	49	62	8	70	2	72	0	72
30	2	4	35	2	37	33	43	5	49	0	54	0	9	71	0	71
37	1	36	4	40	2	39	4	43	6	49	5	54	9	63	10	73

Géométrie

Formes géométriques simples : hexagones, carrés, triangles, écrous hexagonaux! Du facile pour le type géographe. Ces labyrinthes logiques latéraux comportent une touche de folie. C'est peut-être un hexagone ou un carré. Il se peut que quelqu'un ait placé un hexagone dans un carré. C'est évidemment un triangle, mais d'où vient le morceau supplémentaire?

Ne vous laissez pas intimider par un cercle qui doit devenir un carré ou quelque chose du genre. Avant de commencer le duel avec chaque cercle, essayez le labyrinthe tel qu'il est et voyez où il vous mène. Vous aurez des surprises.

Lorsque vous aurez réussi ces casse-tête, le reste du livre sera facile comme tout.

Hexagone ou carré

Les pièces ci-dessous s'assemblent pour former un carré ou un hexagone. Décidez et construisez cette forme géométrique. Trouvez maintenant une solution au labyrinthe, la route s'entrecroisant au-dessus
comme en dessous.

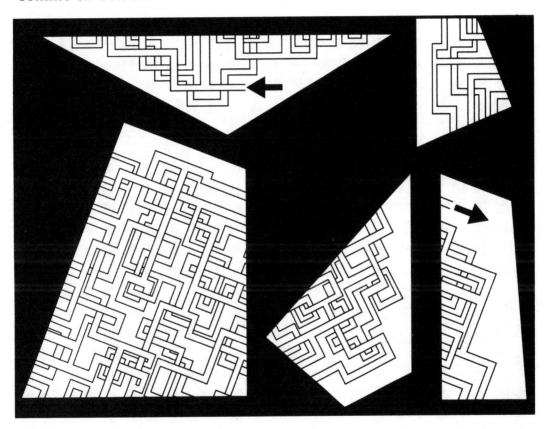

Cercle carré

Commencez par le S et frayez votre chemin dans le labyrinthe, horizontalement et verticalement (NON diagonalement), alternant entre le cercle et le carré. Essayez d'atteindre le C. Soit dit en passant, un cercle devrait être un carré. Changez-le afin de gagner.

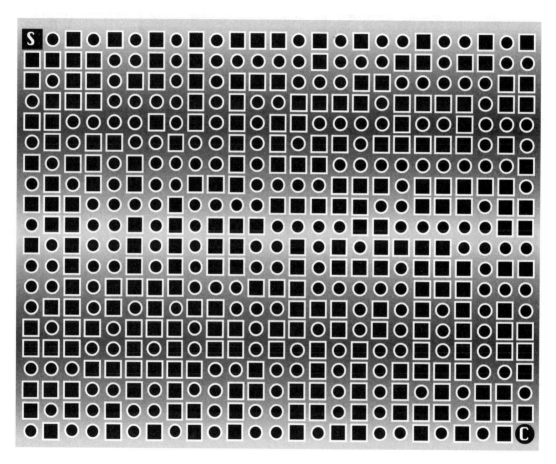

Trois écrous

Le cheminement du casse-tête commence àu 1 et ne touche tous les écrous qu'une seule fois. Trouvez une voie qui commence à 2 et touche également tous les écrous. Trouvez-en maintenant un autre qui commence à 3. Ce n'est pas aussi facile que ça en a l'air.

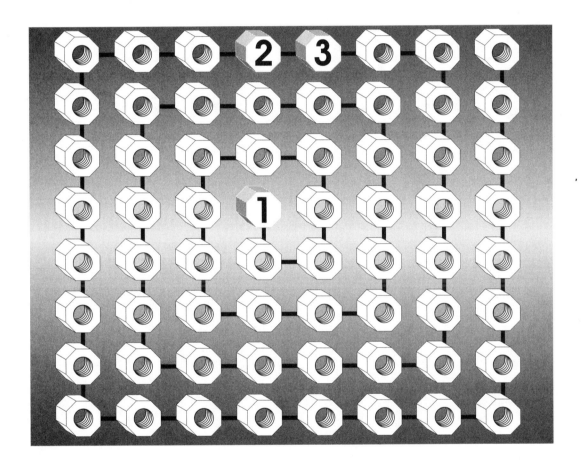

Trucs
visuels

Qu'est-ce que vous voyez au milieu du cadre? Est-ce la lettre « B »
ou le chiffre« 13»?

Faites tourner cette page. Qu'est-ce qui se produit?

Fixez le crâne durant quelque trente secondes (sans clignotement si possible)—regardez ensuite une feuille de papier blanc. Que voyez-vous?

Qu'y a-t-il de mystérieux au sujet de ces ânes?

Est-ce que la pente de ces piles de billets de banque descend vers la droite ou vers la gauche?

Au premier coup d'œil, nous voyons un porc. Où est le fermier?

Que regardez-vous? L'intérieur d'un tunnel ou le sommet
d'une montagne?

Fixez le milieu de cette illustration. Approchez ensuite cette page près de votre visage. Qu'est-ce qui arrive?

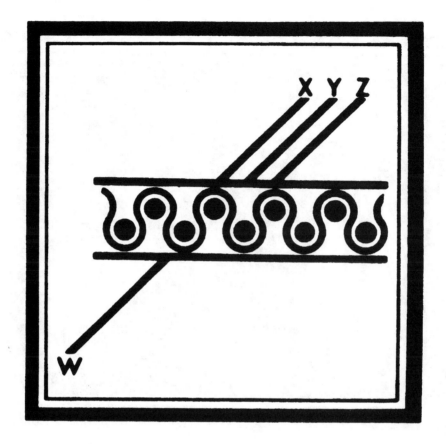

Quelle ligne est le prolongement de W?

Combien de chandelles y a-t-il?

Le fameux magicien Dunniger s'est servi de ce dessin comme logo. Remarquez-vous une chose étrange à propos des caractéristiques du visage?

Y a-t-il une vie après la mort?

Est-ce un zèbre blanc avec des zébrures noires ou un zèbre noir
avec des zébrures blanches?

Voici Garibaldi. Inversez la page. Qui devient-il?

Que voyez-vous? Des verres de vin noirs ou des vases blancs?

Diriez-vous que la roue arrière de cette bicyclette est un cercle?

Pouvez-vous repérer le chien? De quoi est-il l'exemple?

Pouvez-vous décoder le rouleau du mandarin?
Indice: Le contenu est lié au jeu de cartes.

Qu'est-ce qui ne va pas avec ces poissons?

Ces tubes font face à quelle direction?

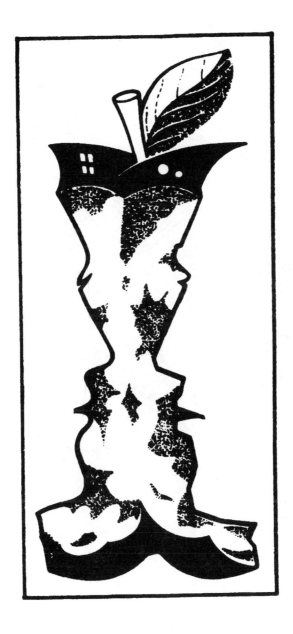

Qu'est-ce qui est inhabituel au sujet de ce cœur de pomme?

Cet éléphant est singulier. Pourquoi?

Ce clown se balance-t-il sur une balle blanche dont le motif est noir ou sur une balle noire dont le motif est blanc?

Approchez cette page de votre visage. Que se produit-il?

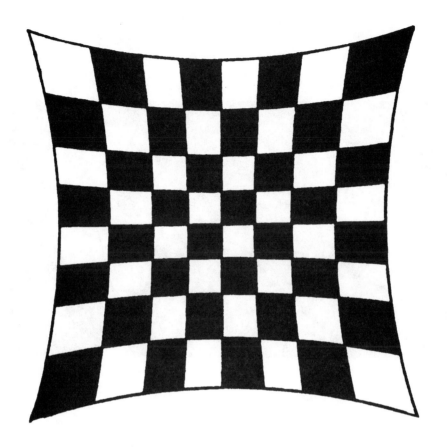

Pouvez-vous, sans le toucher, faire de ce damier déformé un damier parfaitement carré? Comment?

Racontez une histoire drôle à cet homme maussade et faites-le sourire. À bien y penser, il pourrait y avoir une façon plus facile...

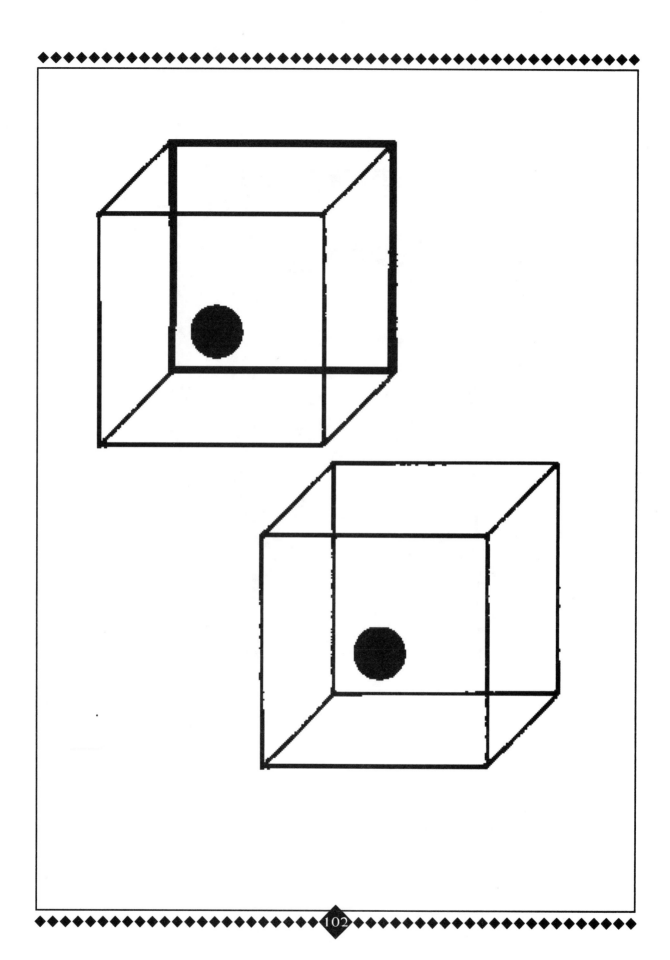

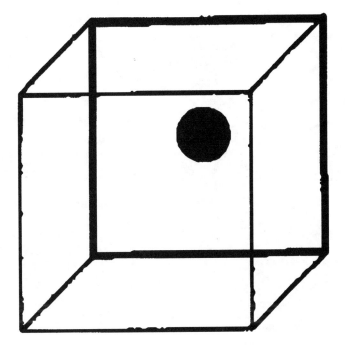

Voyez-vous la surface délimitée par les lignes plus foncées comme étant à l'extérieur d'un cube transparent? Continuez de regarder, et la surface en question deviendra la surface intérieure d'un cube incliné autrement. Est-ce que le point noir est sur la face avant ou à l'arrière? Ne serait-il pas plutôt à l'intérieur du cube?

Faites tourner cette page dans le sens inverse des aiguilles d'une montre. Qu'est-ce qui arrive?

Lequel des deux petits carrés est le plus gros?

Est-ce le côté « A » de cette image qui est élevé ou est-ce le côté « B »?

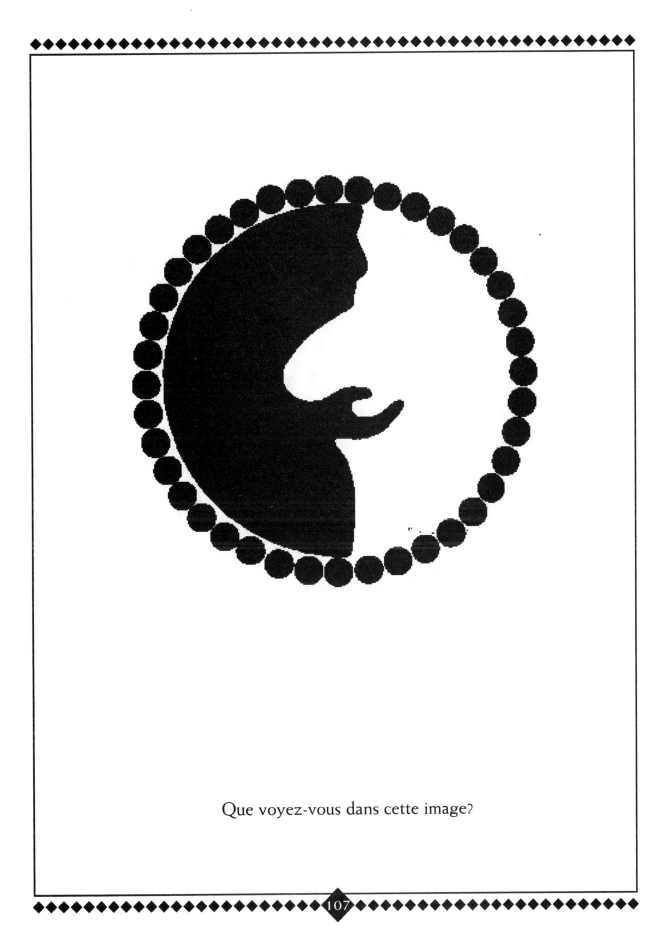

Que voyez-vous dans cette image?

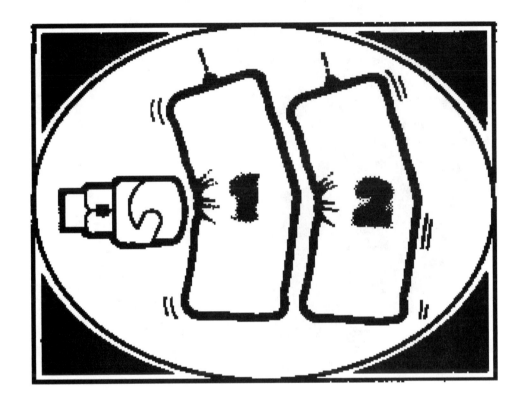

Quel sac de sable est le plus gros?

S'agit-il d'une spirale?

Qu'est-ce qui se passe avec ces cubes?

Que voyez-vous dans cette image? Des flèches noires ou des flèches blanches?

Pourquoi les poissons de cette illustration semblent-t-ils nager
dans une direction et, ensuite, dans l'autre?

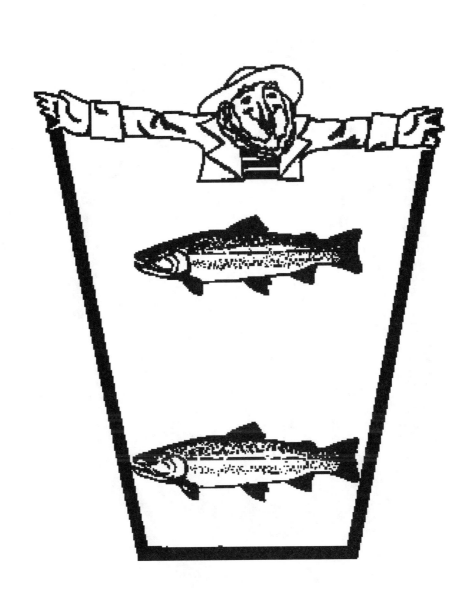

Les pêcheurs exagèrent toujours la grosseur du poisson qu'ils ont capturés. Cet homme a attrapé deux poissons. Lequel est le plus gros?

Cet homme est malheureux parce que son amie l'a quitté.
De quoi a-t-elle l'air?

Qu'est-ce qui arrive si vous faites tourner cette page?

Illusions
d'optique

Carrés chatoyants

L'effet chatoyant que vous constatez ci-dessous est causé par la distorsion optique. Cette illusion est inhabituelle parce que toutes les lignes sont obliques à 45° ou obliques inverses à 135°. Si vous voulez savoir pourquoi cela aide à rendre l'illusion plus intéressante, procédez à l'expérience suivante.

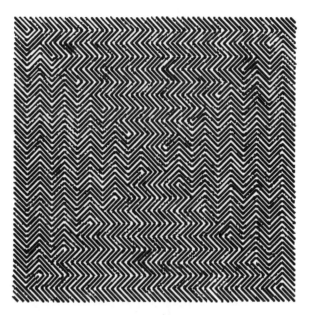

Concentrez-vous ensuite sur une rangée de lignes obliques inverses de 135°, et vous verrez que tous les carrés formés de lignes obliques de 45° sembleront flous, faibles et chatoyants.

Cet effet se produit parce que vos yeux ne peuvent se concentrer d'un coup sur l'ensemble de l'illusion. Les parties sur lesquelles vous vous concentrez sembleront claires, tandis que les autres parties connexes seront floues.

Tout carré

L'illusion d'optique ci-dessous est spécialement troublante. Si vous l'étudiez de près, les ovales du milieu semblent d'abord être bombés et, ensuite, il y a recul.

   La raison pour laquelle ils changent, c'est que, lorsque votre regard balaie le dessin de la gauche vers la droite, la position des ovales suggère à votre cerveau que les ovales sont bombés. Ensuite vos yeux reviennent sur l'image. Puisqu'il y a tant de façons de percevoir l'illusion - - et pas d'indications sur ce qu'est « la bonne » --, vous pouvez voir les ovales s'éloigner ou observer une foule de leurs trucs amusants.

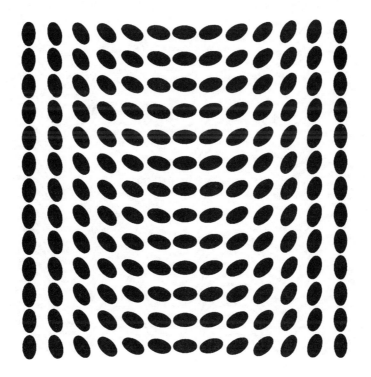

Vagues

Lorsque vous fixez le regard durant un certain temps sur l'illusion d'optique de cette page, les lignes courbes semblent former des crêtes et des creux de vagues. Elles semblent même bouger un peu. Si vous fixez encore le dessin, jusqu'à ce que vos yeux soient fatigués, vous verrez peut-être aussi des lignes fantômes colorées, surtout sous un éclairage puissant, là où les lignes sont parallèles—entre les creux et les crêtes des vagues.

Le mouvement incessant des vagues de cette illusion repose sur une distorsion optique.

Carreaux compliqués

Pourquoi le dessin vibre-t-il? Encore une fois, c'est à cause de la distorsion optique! La répétition du même motif sur chaque carreau donne plus d'efficacité à cette illusion.

Dada

Si vous regardez de près ce damier circulaire, il semble vibrer et chatoyer. Vous pouvez aussi voir que les pièces noires et blanches réunies forment les pétales d'une fleur.

Le chatoiement que vous voyez est causé par une distorsion optique. Mais les pétales formés par votre cerveau sont un exemple d'un autre phénomène appelé le «bon prolongement ». Il se produit parce que votre cerveau tente de trouver un sens à ce qu'il voit. Il recherche des formes ou des motifs qu'il reconnaît. Il travaille parfois si fort et si intelligemment qu'il imagine un objet qui n'est pas vraiment là. C'est alors que nous avons une illusion d'optique.

Réseaux

Dans cette pure illusion, de petits points blancs semblent s'unir pour former des croix blanches, fantômes. Voici un autre exemple de votre cerveau qui tente encore de trouver un sens à l'information visuelle qu'il reçoit—le bon prolongement.

Il s'agit ici des effets d'un autre phénomène intéressant. Vous pouvez aussi voir de minuscules points gris au centre des croix noires. Pourquoi? Les cellules spéciales de votre système visuel réagissent vigoureusement aux petites masses pâles et foncées. Si une petite masse pâle est entourée de plus d'éléments pâles, ces cellules ne réagiront pas autant à la petite masse lumineuse au centre. Si une petite masse foncée est entourée de plus d'éléments foncés, ces cellules ne réagiront pas aussi fortement à la petite masse foncée au centre.

Dans le cas des croix noires, votre système visuel ne réagit donc pas complètement à leur centre, et vous voyez le centre plutôt en gris.

Il n'est toutefois pas nécessaire qu'il en soit ainsi. Vous pouvez forcer vos yeux et votre cerveau à ne pas « négliger » le point central de la croix. Si vous fixez le regard et faites porter toute votre attention sur une croix à la fois, vous pourrez voir une croix ordinaire, noire.

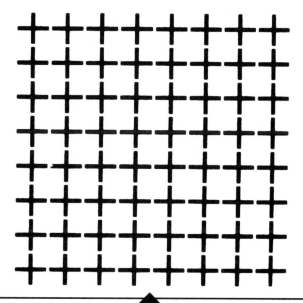

Zinnia

Lorsque vous regardez l'illusion de cette page, vous pourrez voir des points gris ou blancs à la croisée des lignes noires, tout comme dans « Réseaux ».

Si vous continuez votre étude du dessin, vous verrez peut-être que ces points imaginaires « se lient » et forment une série de cercles irradiants, depuis le centre de l'illusion. C'est un autre exemple de bon prolongement.

Treillis

Voici un exemple du rôle que joue le contraste dans vos perceptions. Bien qu'il n'y ait ici que deux couleurs, blanc et noir, les petits points blancs du milieu, où les lignes noires se croisent, semblent plus brillants et blancs que les carrés qui sont également blancs. C'est parce que les minuscules carrés blancs sont plus complètement entourés par les lignes noires que les grands carrés blancs.

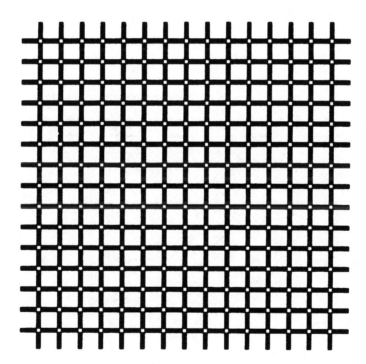

Carré du carré

Cette illusion pourra vous rappeler « Carrés chatoyants », où les lignes dessinées à des angles différents troublent le cerveau. Ici, les carrés ont été dessinés sur un arrière-plan, lequel nous donne l'impression que les carrés sont mal faits. Ils sont pourtant parfaitement dessinés.

C'est un exemple de « l'effet Zollner ». Il illustre comment des lignes droites semblent ne pas l'être s'il y a intersection avec un arrière-plan de lignes courbes ou de lignes dessinées à différents angles. Cet effet étrange se manifeste parce que vos yeux et votre cerveau s'efforcent tous deux de placer les lignes droites sur l'arrière-plan.

Carrés de spirale

Les carrés au premier plan donnent l'impression d'être courbés, n'est-ce pas? C'est bien de quoi ils ont l'air. C'est toutefois un autre exemple de l'effet Zollner. Si vous tenez une règle près d'un côté, vous verrez que les lignes du carré sont aussi droites qu'il est possible de les tracer. Ce n'est que la spirale de l'arrière-plan qui crée l'impression de carrés à lignes courbes.

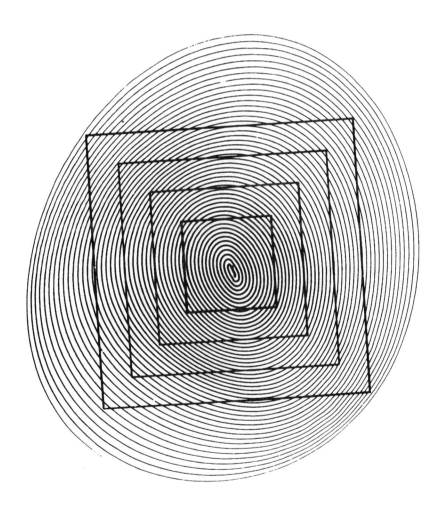

Cercles serrés

Vous pouvez voir toutes sortes d'effets différents lorsque vous faites face à l'illusion de cette page. Vous pouvez voir les rayons sautillants qui émanent du cercle central—renversez la page afin d'accentuer cet effet. Vous pouvez également voir le cercle central et le plus petit de deux façons : haut de cône, fin d'un tunnel.

Les rayons sautillants sont des résultats de la distorsion optique.

Cercle du vertige

Si vous regardez ce dessin pendant que vous faites tourner le livre, vous serez en mesure de voir une série de spirales tridimensionnelles qui montent et descendent.

C'est ce qui s'appelle « l'effet stéréo cinétique », à savoir le résultat d'une série complexe d'échanges entre vos yeux et votre cerveau.

Lorsque le dessin tourne, les images transmises à votre cerveau changent constamment. Parce que chaque cercle est dessiné avec des lignes d'inégale épaisseur, il n'y a pas dans l'illusion de point stable permettant de se concentrer. Cette réalité est troublante pour votre cerveau, lequel aime structurer des motifs ordonnés avec ce qu'il voit. Votre cerveau cherche donc un autre motif et constate que certaines lignes courbes s'apparentent à une spirale. Comme les courbes formant la spirale tournent et changent de position, chacun de vos yeux envoie simultanément à votre cerveau une image légèrement différente. Lorsque votre cerveau assemble le tout, il décide qu'il doit voir une spirale qui monte et descend.

Temple

Avec cette illusion, vous réunissez deux effets. C'est un dessin qui bascule: cela peut être une pyramide vue d'en haut, le plus petit carré formant la pointe; cela peut aussi être un couloir menant à une petite porte carrée. Si vous fixez cette illusion, vous la verrez probablement alterner entre ces deux points de vue.

Nous avons ici un autre exemple de la distorsion optique, en raison de la nature du chatoiement

Escalier mécanique

Lorsque vous regardez de près cette illusion d'optique, vous aurez peut-être l'impression que les panneaux horizontaux se déplacent par de légers mouvements brusques. Le panneau central peut aussi sembler étonnamment brillant. Si « l'escalier mécanique » semble bouger c'est que, peu importe les efforts que vous faites, vous ne pouvez poser un regard parfaitement fixe; lorsque le regard bouge, les images de l'illusion en font autant.

Expérience à l'aide d'un escalier mécanique

Pour apprécier pleinement cette illusion, demandez à un enseignant ou à un bibliothécaire de photo-copier cette image sur un film de plastique afin de faire un transpar-ent. Placez ce dernier par-dessus l'illusion et bougez le transparent d'un côté à l'autre. Vous verrez l'incroyable effet de « moiré » lorsque les deux motifs sont superposés. Vous avez sans aucun doute déjà observé l'effet moiré. C'est l'effet que vous observez lorsque deux rideaux de dentelle se croisent. Il est produit là où des sections de la dentelle se super-posent et forment ainsi un motif.

Vous pouvez également obtenir un effet moiré à l'aide de deux peignes. Tenez-les ensemble à la lumière et faites tourner l'un des peignes sur l'autre. Vous verrez une série de bordures ou de bandes moirées apparaître et disparaître.

Grille moirée

Il s'agit de l'un des types les plus simples de motif moiré, un qui est formé de deux grilles identiques. Le motif que vous voyez est si puissant qu'il est très difficile de suivre le tracé de chaque ligne individuelle. Essayez avec votre doigt de suivre le tracé de n'importe quelle ligne droite, et vous verrez ce qui se passe.

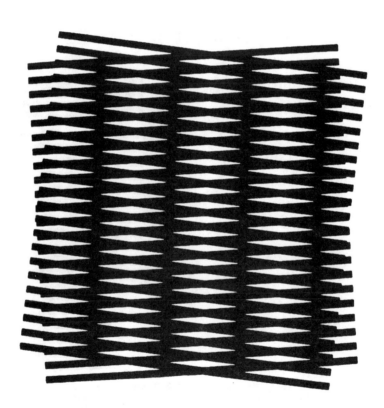

Escalier éternel

Pouvez-vous trouver où est le côté le plus élevé de l'escalier? Probablement pas. D'abord, ce n'est pas vraiment un escalier—c'est une « impossibilité ». Le dessin fonctionne parce que votre cerveau reconnaît qu'il s'agit d'une structure tridimensionnelle. Une bonne partie du dessin rend de façon réaliste un escalier. Au premier coup ce n'est

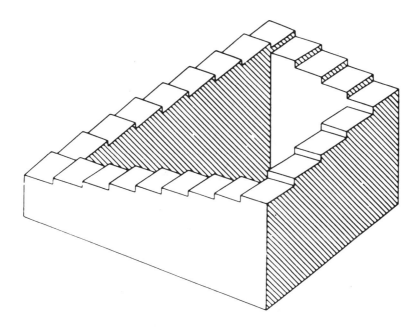

que lorsque vous regardez plus attentivement le dessin que vous réalisez que toute la structure est impossible.

« L'Escalier éternel » a été créé par Lionel S. Penrose, un généticien, et son fils Roger. Il a plus tard été connu grâce à l'oeuvre de Maurits Escher, artiste qui a travaillé au début du XXe siècle. Escher s'est servi, dans son art, de nombreuses formes impossibles comme celle de cette page, créant des tableaux des plus étranges.

Triangle impossible

Même si vous étiez un maître charpentier, vous ne pourriez jamais construire ce triangle. Chacun des trois joints est dessiné avec une grande précision, mais ce qui retient les pièces ensemble n'est pas précis.

Ce qui fascine dans ces illusions, c'est que votre cerveau est si convaincu du fait que ce sont des dessins tridimensionnels qu'il est presque impossible de n'y voir que des dessins plats.

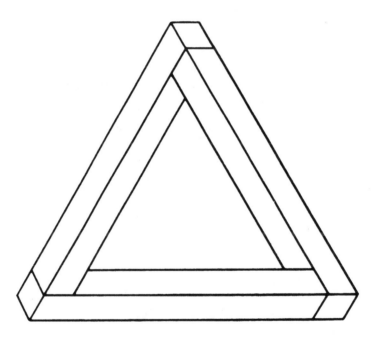

Chrysanthème

Lorsque vous regardez l'image de cette page, vous avez l'impression que ce n'est pas un motif plat, mais tridimensionnel. Certaines parties de l'illusion paraissent surélevées et d'autres, abaissées, d'où l'impression de profondeur. Toutefois, si vous regardez les lignes courbes qui définissent les hauts et les creux de la fleur, vous découvrez une situation bizarre. Par exemple, regardez la courbe qui définit le bord extérieur de la fleur et suivez-la autour du cercle. Vous remarquerez que, à certains endroits, les lignes courbes semblent former un haut et, à d'autres, un creux. Cet objet ne saurait exister en trois dimensions. « Chrysanthème » est un autre exemple d'impossibilité.

Ce motif est également chatoyant—il est donc aussi un cas de distorsion optique.

Autres labyrinthes

Dirigeabilité

Nous avons ici essentiellement un labyrinthe tridimensionnel. Il s'agit de canaux flottant les uns au-dessus ou en dessous des autres, en perspective. Entrez dans le labyrinthe à la balle BLANCHE et faufilez-vous dans la structure jusqu'à la balle NOIRE. Il y a plus d'une solution, mais si vous n'en trouvez aucune, nous en offrons une à la page 250 du livre.

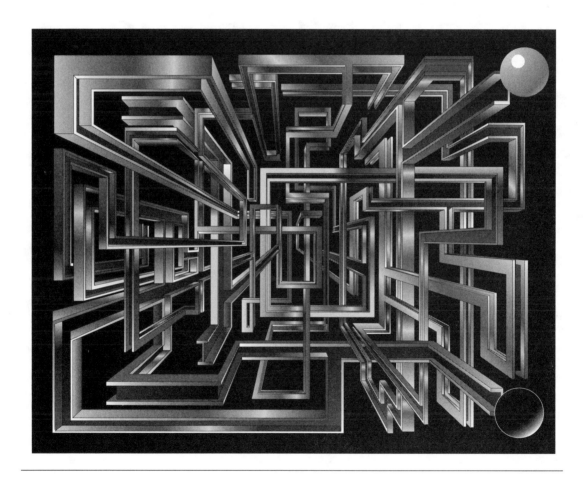

Structure impossible

Frayez-vous un passage d'un globe à l'autre dans cette construction.
Chemin faisant, essayez de ne passer par chaque cube NOIR qu'une
seule fois. Vous ne pouvez pas revenir sur vos pas, mais il est PERMIS
de revenir au cube de départ autant de fois que vous le voulez.

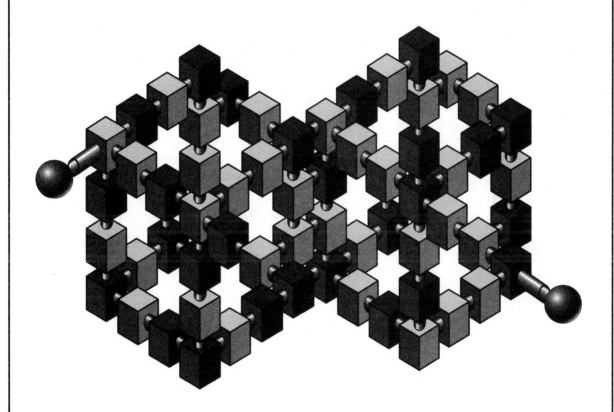

Entrepôt

Entrez dans l'entrepôt et marchez en direction de la sortie arrière. Il est permis d'ouvrir tout au plus CINQ portes au cours de votre déplacement.

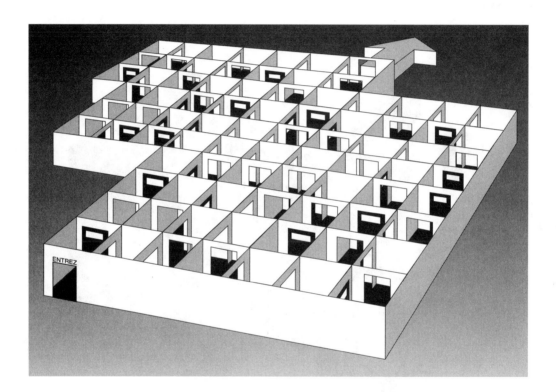

Hôtel cubique

Votre chambre se trouve à l'alcôve NOIRE de l'aile est de l'hôtel. Afin d'économiser de l'argent, les entrepreneurs y ont éliminé les corridors. Entrez par la bonne porte et trouvez la façon de vous rendre à votre chambre.

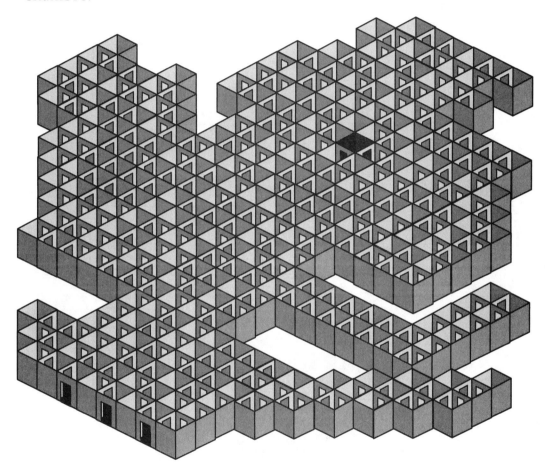

Folie cubique

Les neuf cubes de ce casse-tête ont quinze faces visibles. Certains côtés sont au bon endroit, d'autres ne le sont pas. Pour venir à bout de ce labyrinthe, replacez les côtés inadéquats et voyagez ensuite d'une flèche à l'autre sur la voie qui est parfois superposée à elle-même.

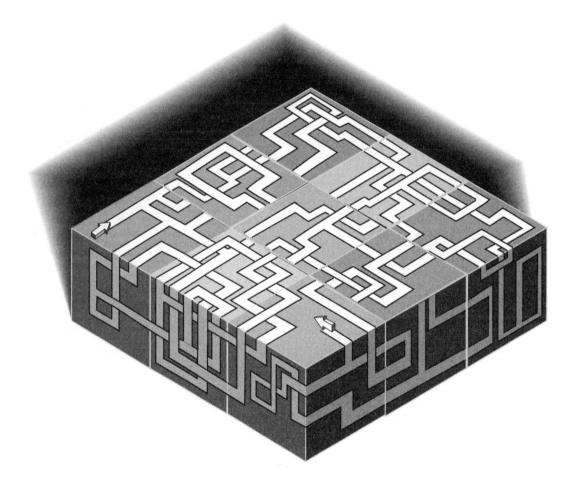

En rond

Si vous partez du globe central, un seul des quatre labyrinthes mène à une flèche de SORTIE. À l'aide de vos yeux seulement, pouvez-vous découvrir le bon labyrinthe?

Voyage par tuyau

Entrez par la boule BLANCHE et voyagez dans les tuyaux en touchant TOUTES les boules une fois. Vous ne pouvez pas revenir sur vos pas pour revenir à la boule BLANCHE. Vous pouvez ajouter deux tuyaux de raccordement en vue de réussir ce casse-tête, s'ils vous sont nécessaires.

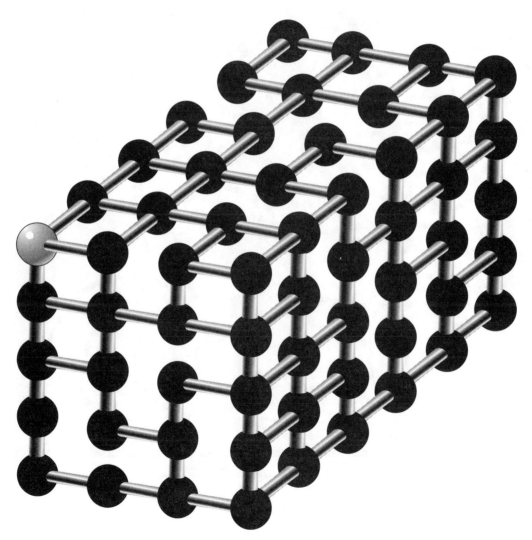

Boule, pyramide et cube

À partir de la flèche d'ENTRÉE, trouvez une voie ne touchant tous les objets qu'une seule fois, avant de sortir. Il doit y avoir alternance entre les objets (boule, pyramide, cube OU boule, cube, pyramide) le long de votre route. Vous devez respecter la séquence de départ pendant tout votre voyage.

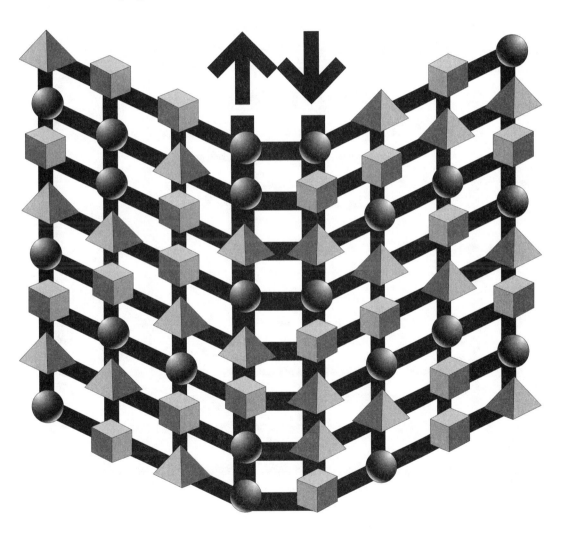

Entrée et sortie

À partir de la pyramide NOIRE, rampez dans les tuyaux, touchant tous les objets solides séquentiellement (pyramide, boule, cube OU pyramide, cube, boule). Sortez ensuite par la pyramide NOIRE. Vous ne pouvez pas revenir sur vos pas ou toucher un objet plus d'une fois. Vous devez aussi respecter l'ordre séquentiel de départ.

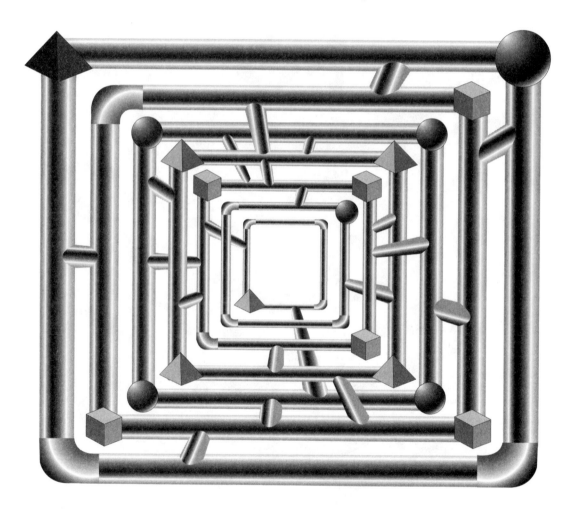

Fin heureuse

Suivez les flèches et touchez chaque espace, sauf le centre. Attention toutefois. Deux flèches font face à la MAUVAISE direction.

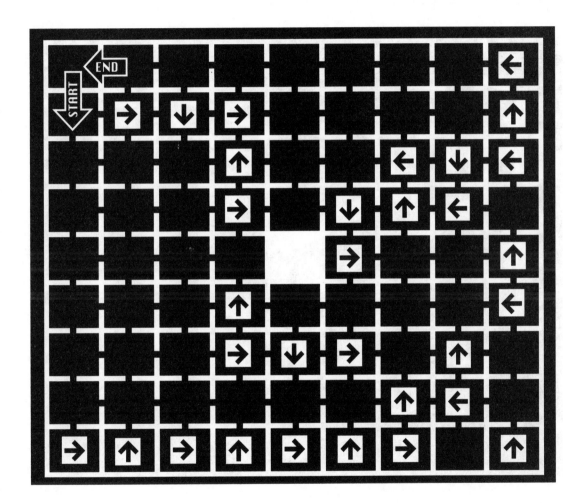

Logique claire

Suivez la voie à partir de la flèche d'ENTRÉE afin de vous rendre à la flèche de SORTIE. La voie est tracée sur du verre transparent afin que vous puissiez la suivre sur l'ensemble de la structure rigide. La voie passe parfois au-dessus et en dessous d'elle-même.

Entre-deux

Voyagez dans ce labyrinthe à partir de la boule NOIRE. Lorsque vous arrivez à une boule GRISE, sautez sur une autre boule GRISE et continuez votre trajet à l'aide des tuyaux jusqu'à la prochaine boule GRISE. Sautez encore et répétez le processus jusqu'à ce que vous ayez touché toutes les boules GRISES; sortez ensuite à la boule BLANCHE. Vous ne pouvez pas revenir sur vos pas ou toucher une boule GRISE plus d'une fois.

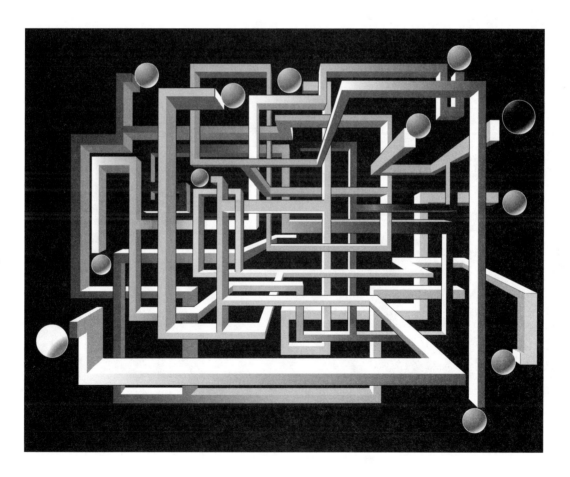

Balle noire et balle blanche

Entrez dans le labyrinthe à partir de n'importe quelle balle et déplacez-vous dans la direction opposée (balle NOIRE vers balle BLANCHE ou l'inverse). Sautez ensuite de la balle que vous avez atteinte à la balle dont la couleur est opposée. Continuez à l'aide des tuyaux, répétant la première séquence jusqu'à ce que vous ayez touché les huit balles. Sortez ensuite par la flèche de SORTIE. Vous pouvez revenir sur vos pas aussi souvent que vous le voulez. Il y a plusieurs solutions à ce labyrinthe; nous en présentons une à la page 251.

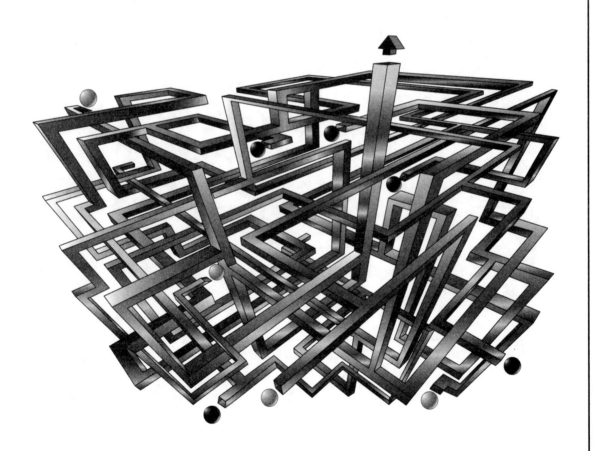

Sortie

Trouvez la flèche d'ENTRÉE et pénétrez dans le labyrinthe à la recherche de quatorze boules. Lorsque vous parvenez à une boule, vous devez sauter sur une autre boule dont la couleur est opposée (boule BLANCHE à boule NOIRE ou l'inverse). Ensuite, entrez dans le tuyau et recommencez le processus. Vous devez toucher TOUTES les boules lors de la séquence antérieure, avant de vous trouver à la flèche de SORTIE. Vous devez suivre continuellement une voie et ne toucher une boule qu'une seule fois.

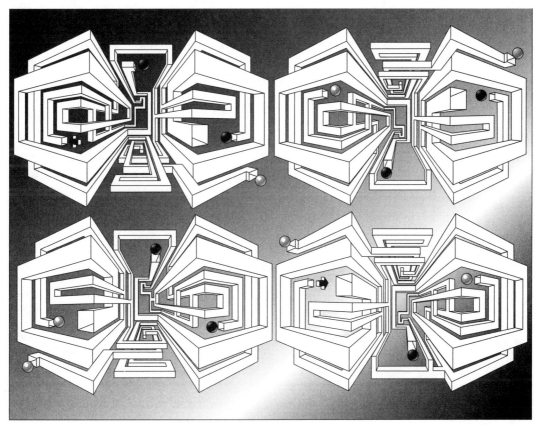

Déplacements, corps flottants et points d'attraction

Une illusion d'optique est quelque chose qui semble différente de ce qu'elle est vraiment. Certaines illusions d'optique, comme celles de ce livre, se signalent parce qu'elles paraissent bouger.

Certaines illusions d'optique apparaissent parce nous avons deux yeux, d'autres parce que notre cerveau se souvient d'une chose pendant que nos yeux voient autre chose. Ce peut aussi être parce que nous pensons voir quelque chose pendant que nous sommes, en fait, devant autre chose.

Voici quelques illusions d'optique attribuables découlant d'une vision à deux yeux.

Doigt flottant

Tenez vos mains devant votre visage à la hauteur de vos yeux, à une distance d'environ quinze pouces. L'illustration n° 1 vous montre comment faire. Tenez les bouts de vos index éloignés d'environ un pouce.

Concentrez-vous sur un mur situé à quelques pieds derrière vos

Illustr. 1

doigts. Presque immédiatement, vous apercevrez un phénomène étrange. Entre les bouts de vos doigts, se trouve un minuscule doigt autonome qui flotte dans l'espace. Plus stupéfiant encore, ce petit doigt a deux bouts, un à chaque extrémité.

Approchez lentement vos mains de votre visage. Maintenez la distance qui sépare vos doigts. Plus votre main approche de votre visage, plus le petit doit flottant s'allonge.

Au fur et à mesure que vous éloignez vos mains de votre visage, le petit doigt à deux bouts est de plus en plus court. L'illustration n° 2 donne une idée de cette illusion.

Illustr. 2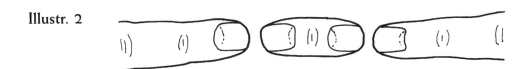

Maintenant, fixez vos yeux sur vos doigts au lieu du mur. Le petit doigt disparaît subitement.

Lorsque vos doigts se rapprochent de votre visage, l'espace entre eux atteint un «point aveugle» (vous trouverez plus d'information à ce sujet à la page 160). A lieu de devenir aveugle, votre cerveau sait ce qui devrait être là et remplit l'espace avec ce que vos yeux voient vraiment. Dans ce cas-là, vos yeux voient les bouts de vos doigts, et votre cerveau se sert de cette scène pour remplir le point aveugle. C'est pourquoi vous voyez le doigt flottant même s'il n'est pas là, et c'est ce qui explique sa disparition quand vos regardez vos vrais doigts.

Doigt sautant

Dressez l'index d'une de vos mains et fermez un œil. Déplacez votre index jusqu'à ce qu'il indique directement un objet ou qu'il soit immédiatement sous un objet quelconque. L'illustration ci-dessous vous montre comment faire.

Fermez un œil et ne bougez pas votre doigt. Est-ce que votre doigt a sauté? Essayez de fermer votre autre œil. Le doigt a encore sauté!

Évidemment, votre doigt n'a pas sauté (du moins, il n'est pas censé sauter). Alors, qu'est-ce qui s'est produit? Parce que vos yeux sont éloignés l'un de l'autre de quelques pouces, chacun d'eux voit une image légèrement différente. Votre cerveau réunit les deux images et vous dit à quelle distance se trouve l'objet.

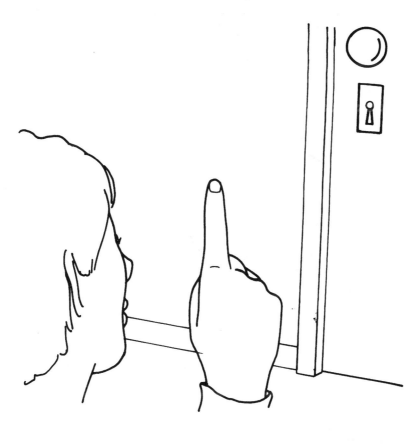

Anneau rebondissant

Ouvrez vos deux yeux et, à l'aide de votre pouce et de votre index, formez un anneau, comme celui ci-dessous.

Tenez cet anneau à bout de bras. Déplacez-le jusqu'à ce vous trouviez dans la pièce un objet qui s'y insère visuellement et agréablement. Fixez cet objet à l'intérieur de l'anneau.

Fermez un œil. Est-ce que l'objet est encore à l'intérieur de l'anneau? Selon l'œil que vous avez fermé, l'anneau peut être stable ou revenir.

Sans bouger votre anneau, fermez votre œil ouvert et ouvrez votre œil fermé. Maintenant, que voyez-vous à l'intérieur de votre anneau?

Avec un œil ouvert, l'objet se trouve à l'intérieur de l'anneau, mais avec l'autre œil ouvert, l'objet rebondit et s'éloigne. Pourquoi?

Lorsque vous voyez les choses avec vos deux yeux, un œil exerce davantage de contrôle que l'autre. Celui-ci s'appelle parfois « l'œil dominant ». Lorsque vous le fermez, l'image change.

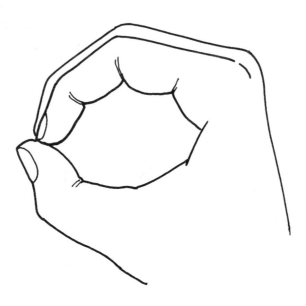

Culture de nouveaux doigts

Pendant que vous tenez élevés votre main et vos doigts, voici une autre illusion de mouvement. Tenez votre index à bout de bras, et ayez les deux yeux ouverts. Regardez un objet quelconque dans la pièce et qui se trouve aligné sur votre doigt étendu. L'illustration ci-dessous vous indique ce qu'il faut faire.

Fixez l'objet dans la pièce; maintenant vous avez un doigt supplémentaire.

Fixez maintenant votre doigt. Vous voyez deux objets au lieu d'un!

Bien entendu, un nouveau doigt n'a pas poussé, et l'objet ne s'est pas soudainement dédoublé. Ce que vous avez vu, ce sont deux images différentes avec chaque œil.

Points aveugles

Voyons-nous—toujours—sauf si nos yeux sont fermés ou lorsque nous sommes à la noirceur? Peut-être que oui, peut-être que non.

Tenez l'illustration de cette page à une distance approximative de quinze pouces, devant votre visage. Fermez votre œil gauche, et regardez directement l'avion avec votre œil droit (ouvert).

Approchez lentement le livre de vous, regardant directement l'avion à l'aide de votre œil droit. Approchez et éloignez le livre jusqu'à ce qu'un phénomène curieux se produise. Soudain, la fusée disparaît!

Non, elle n'est pas à un autre endroit. Ce qui s'est produit, c'est qu'elle a été perdue dans votre point aveugle. Ne vous inquiétez pas, chacun de nous en a un pour chaque œil; vous ne devenez par conséquent pas aveugle.

Maintenant fermez votre œil droit et ouvrez le gauche. Avec celui-ci, fixez directement la fusée; approchez et éloignez l'illustration jusqu'à ce que, tout à coup, l'avion disparaisse. L'avion est parvenu au point aveugle de votre œil gauche.

En ne voyant l'illustration qu'avec un seul œil à la fois, vous avez l'occasion de trouver votre point aveugle. Lorsque vous regardez les choses avec les deux yeux, ce minuscule point aveugle ne cause pas de problème. En effet, ce qu'un œil ne voit pas, l'autre le voit.

Main trouée

Avez-vous un trou dans la paume de votre main? Non? Ce n'est pas certain.

Roulez en forme de tube creux une feuille de calepin, d'un diamètre d'environ un pouce. Tenez le tube pour l'empêcher de se dérouler et ajoutez un ruban adhésif, lequel conservera la forme. À vous de décider.

Placez le tube devant un de vos yeux, ainsi que l'indique le dessin ci-dessous. Laissez votre autre œil ouvert.

N'enfoncez pas le tube dans votre œil.

Trouvez dans la pièce un objet qui soit assez petit pour être vu par l'ouverture du tube. L'objet devrait être à une distance de douze à quinze pieds. Gardez les deux yeux ouverts, et regardez l'objet par le tube.

Placez maintenant une main sur l'œil qui ne regarde pas dans le tube. (Consultez l'illustration de cette page; elle montre comment faire.) Soudainement, un trou rond apparaît dans la paume de votre main! Et vous regardez l'objet à l'aide de ce trou rond!

Naturellement, ce n'est qu'une illusion d'optique. C'est un autre cas où voir avec les deux yeux vous fait croire que les choses ne sont pas telles qu'elles sont vraiment.

C'est maintenant le bon moment de vous dire que vous aurez beaucoup plus de plaisir avec ce livre si vous expérimentez les illusions avec d'autres personnes. Voyez comment fonctionne chaque illusion optique de mouvement. Passez ensuite le mot à votre famille et à vos amis.

Rectangle voyageur

Parfois, votre cerveau se souvient d'une image même lorsque vous ne la voyez plus. Voici une autre illusion d'optique qui se déplace d'un endroit à l'autre.

Fixez directement le rectangle noir ci-dessous. Comptez jusqu'à trente, tout en fixant toujours le rectangle. Il faut que les yeux clignotent le moins possible. S'il y a un clignotement ou deux, ne vous en faites pas, cela ne gâchera rien.

Trente, jetez le regard ailleurs que sur la page. Regardez maintenant un mur sombre ou une autre surface foncée. Fixez toujours ce mur ou cet objet. Qu'est-ce qui apparaît?

Vous savez que le rectangle est demeuré sur la page, mais le voici, là!

Ce qui est encore plus étrange que le fait de trouver le rectangle sur le mur, c'est que ce dernier rectangle est pâle, même blanc, au lieu d'être noir comme celui du livre!

Cela s'appelle l'image rémanente. Il faut attribuer beaucoup d'illusions d'optique mobiles à ce phénomène. Certaines de ces illusions nous font croire que nous voyons des couleurs différentes de celles que nous voyons vraiment. Vous en saurez davantage à ce sujet plus tard.

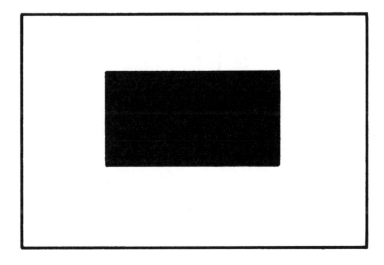

Lignes et ligne

Jetez un coup d'œil rapide à l'illustration ci-dessous. Bien sûr, vous voyez deux lignes inclinées qui touchent deux lignes parallèles.

Qu'est-ce qui est si particulier ici? C'est que vos yeux et votre cerveau ont créé une illusion d'optique.

Voyons donc si en déplaçant un peu les choses nous ferons disparaître l'illusion. Prenez un morceau de papier dont un côté est bien droit. Placez ce côté le long des deux lignes inclinées.

C'est une de ces fois où un léger mouvement joue énormément sur une illusion d'optique.

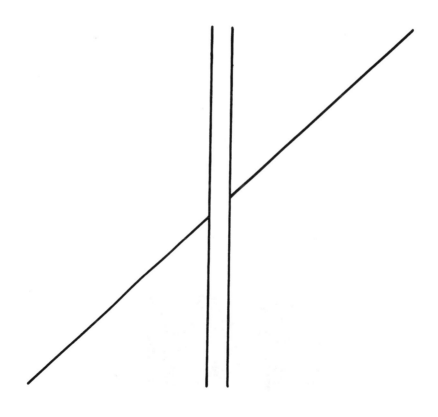

Trois flèches

Pour cette illusion, vous devez avoir un verre transparent.

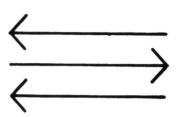

D'abord, remplissez le verre avec de l'eau; regardez ensuite ces trois flèches. Copiez ces flèches sur une feuille de calepin; placez-les au bas de la feuille afin que vous puissiez facilement glisser le papier derrière la partie du verre qui contient de l'eau.

Tenez le papier avec les flèches à quelques pouces derrière le verre d'eau. Regardez les flèches à travers le verre d'eau. Avancez et reculez le papier jusqu'à ce que les flèches paraissent clairement.

Les flèches deviennent plus longues et plus courtes parce que l'eau courbée produit l'effet d'un verre grossissant.

Mais que voyez-vous d'autre? Vérifiez les flèches que vous avez dessinées. Les pointes extérieures sont orientées vers la droite, et la pointe intérieure, vers la gauche. Maintenant, regardez de nouveau à travers l'eau.

Évidemment, les flèches ne sont pas inversées d'elles-mêmes. Elles paraissent ainsi parce que vous les voyez à travers l'eau plutôt que dans l'air. L'eau produit sur les flèches le même effet qu'une lentille convexe. Une telle lentille a les côtés bombés; elle inverse tout ce que vous y regardez. L'illustration ci-dessous montre comment la lumière entre dans le verre d'eau et atteint votre œil.

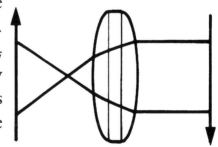

Le Crayon brisé

Pendant que le verre d'eau est encore près de vous, trouvez un crayon. Tenez ce crayon verticalement et plongez la pointe dans l'eau.

Déplacez soit votre tête ou le verre afin que vous yeux soient vis à vis la surface de l'eau. L'illustration de cette page montre ce que vous verrez. Encore une fois, l'eau «convexe» a fait dévier la lumière et modifié le crayon dans l'eau.

Déplacez un peu le crayon d'un côté à l'autre. Soulevez-le légèrement.

Il y a de nombreuses années, un État avait une loi fondée sur cette sorte d'illusion d'optique. Cette loi disait qu'une personne voyant un crime commis derrière une fenêtre de verre ne pouvait servir comme témoin parce que le verre était convexe et plus ou moins bien fait à l'époque. Le verre créait une illusion.

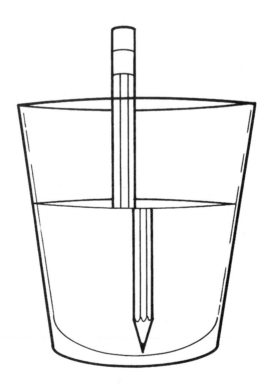

À deux faces

Regardez cette illustration.

Inversez maintenant la page et regardez encore ce dessin. Vous constaterez combien les choses changent avec un petit peu de mouvement.

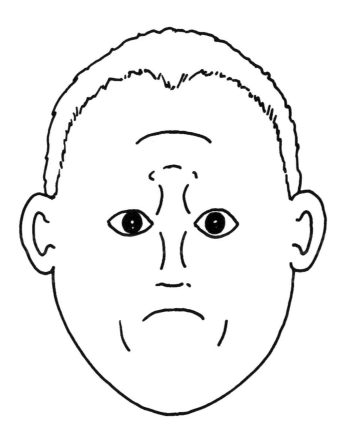

Transparences

Virevent

Il n'y a rien de neuf à propos du virevent : ce jouet existe depuis des siècles. Toutefois, vous n'avez peut-être jamais réalisé quelque chose à ce sujet.

Faisons d'abord un virevent. Il vous faudra une feuille carrée de calepin ou du papier à lettres. Pour faire un carré avec une feuille rectangulaire, pliez le coin supérieur droit vers le bas de la feuille, conformément à l'illustration ci-dessous, à gauche. Découpez la partie ombrée du papier. Dépliez le papier et vous avez un carré parfait.

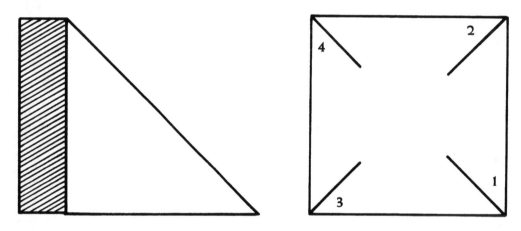

Coupez le papier aux quatre coins, conformément à ce qu'indique l'illustration de droite ci-dessus. Chacune de ces lignes est exactement à mi-distance du centre.

Les quatre lignes de l'illustration sont numérotées. Commencez par la pointe n° 1 et courbez la feuille (ne la pliez pas) jusqu'au centre du carré. Enfoncez une épingle dans la pointe, à environ 1/4 de pouce du bout.

Pliez maintenant la pointe n° 2 vers le centre, sous la pointe n° 1. Enfoncez de nouveau l'épingle.

Répétez l'opération pour les pointes n° 3 et n° 4. Votre virevent sera alors presque terminé.

Il est bon de mettre une petite goutte de colle sur le bout de chaque ailette avant de passer à l'ailette suivante. Les ailettes du virevent tourneront mieux ainsi fixées. Si vous n'avez pas de colle, un petit morceau de ruban adhésif fera aussi l'affaire. Assurez-vous de coller la dernière ailette à la partie principale du virevent ou de vous servir de ruban adhésif à cette fin.

Installez votre virevent sur un long crayon comportant une gomme à effacer. Vous n'avez qu'à enfoncer la pointe de l'aiguille dans la gomme et le crayon se transforme en poignée de virevent.

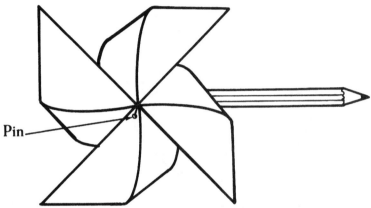

Pin

Tenez le virevent devant vous; il vous faut faire face aux parties courbées des ailettes. Si vous marchez, le virevent devrait tourner, et plus vous marcherez vite, plus il tournera rapidement.

Surveillez maintenant quelque chose devant le virevent pendant qu'il tourne. Vous pouvez regarder à travers les ailettes qui tournent et voir parfaitement.

Examinez votre virevent, et vous pouvez facilement voir qu'il y a autant de papier que d'espace libre. Pourtant, lorsque le virevent tourne rapidement, vous pouvez parfaitement voir à travers ses ailettes. La partie solide disparaît presque.

Encore une fois, cela s'explique par l'image rémanente. Vos yeux fixent l'objet derrière le virevent; vous n'entrevoyez donc en fait le virevent que pour un instant. Puisque votre attention porte sur l'objet plutôt que sur le virevent, votre cerveau conserve cette image le plus longtemps possible. Au moment où elle commence à disparaître, vos yeux voient de nouveau cet objet entre les ailettes du virevent.

Disque tournoyant

Faites un disque d'un diamètre d'environ six pouces à partir d'une boîte de céréales ou d'un autre matériau rigide. Si vous n'avez pas de compas, servez-vous simplement d'un plat ou du couvercle d'une casserole, et tracez le cercle.

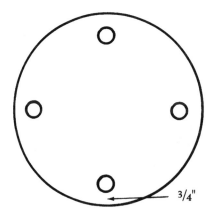

Découpez maintenant quatre trous circulaires dans le disque, conformément à ce qu'indique l'illustration ci-dessus. Chacun de ces trous devrait être de la grosseur d'une pièce de cinq cents. Il faut que les trous soient à environ 1/4 de pouce du bord du cercle.

Percez maintenant deux petits trous, conformément à ce qu'indique l'illustration ci-dessus. Chacun de ces trous doit se trouver à exactement 1/2 pouce du centre du disque.

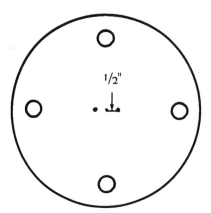

Si vous utilisez un compas pour dessiner votre disque, il est facile de trouver le centre. Si ce n'est pas le cas, dessinez votre disque sur une feuille de papier. Coupez ce nouveau cercle qui a la même dimension

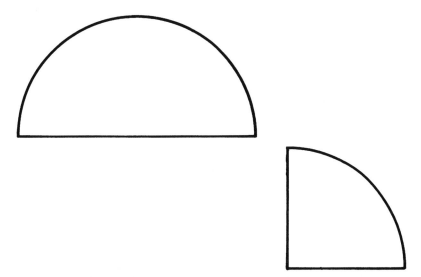

que votre disque. Pliez d'abord la feuille en deux, puis en quatre, conformément à ce qu'indiquent les illustrations ci-dessus. Placez sur le bord du disque la courbe de votre papier plié; la pointe du papier indique le centre du disque.

Coupez un bout de corde d'une longueur d'environ quatre pieds. Passez ses extrémités dans les trous près du centre de votre disque, et nouez la corde afin que votre disque ressemble à l'illustration ci-dessous.

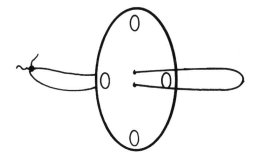

Glissez deux ou trois doigts à chaque bout de la corde. Faites tourner le disque, ce qui tordra la corde. Assurez-vous que le disque est perpendiculaire à la corde. L'illustration ci-dessous montre un disque prêt.

Éloignez vos mains; le disque se mettra à tourner pendant que la

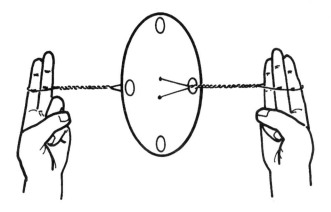

corde se détord. Laissez le mouvement continuer, ce qui tordra la corde dans l'autre direction. Pendant ce temps, commencez à rapprocher vos mains afin de faciliter l'opération.

Lorsque le disque commence à ralentir, éloignez vos mains, et il se mettra à tourner dans l'autre direction. Avec de l'entraînement, vous pouvez maintenir le disque en mouvement en approchant et en éloignant vos mains.

Maintenant, regardez le côté plat de votre disque qui tourne. Surprise! Au lieu de voir les lueurs des quatre trous, vous voyez un anneau creux. Vous pouvez même voir à travers lorsque le disque tourne.

Si vous avez de la difficulté à tenir le disque à angle droit, servez-vous d'un matériau plus épais ou faites deux disques d'un diamètre de deux pouces et collez-en un, au centre, sur chaque côté de votre disque. Quoi qu'il en soit, tout ce qu'il faut, c'est un peu d'exercice.

Vue réduite

Les illusions d'optique mobiles peuvent prendre diverses formes. Il est fascinant de découvrir comment nos yeux nous trompent.

Prenez une feuille de calepin ou de papier à lettres, et découpez une étroite ouverture au centre du papier, conformément à ce qu'indique l'illustration ci-dessous. Le trou devrait avoir une longueur de deux pouces et une largeur de 1/4 de pouce.

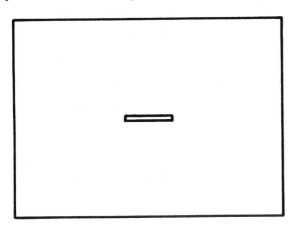

Placez le papier à plat sur n'importe quelle illustration de ce livre. Assurez-vous que l'ouverture étroite se trouve au centre de l'image. Que voyez-vous? Évidemment, peu de choses. Commencez maintenant à éloigner et à rapprocher rapidement le papier, l'ouverture montant et descendant au-dessus de l'image.

Il ne faut que quelques déplacements du papier pour que vous constatiez qu'un phénomène étrange se produit. En fait, vous pouvez voir l'ensemble de l'image, et plus vous bougez le papier rapidement, plus l'image apparaît clairement.

Si vous avez le goût de tenter une expérience, essayez cela avec une autre feuille de papier. Cette fois-ci, découpez une ouverture encore plus étroite—largeur de moins de 1/4 de pouce. Laissez la longueur à deux pouces.

Pouvez-vous encore déplacer le papier assez rapidement pour voir l'image? Quelle est la largeur minimale vous permettant de voir néanmoins une image sous la feuille de papier?

Vue de la grille

Puisque vous regardez à travers les objets, essayez une grille. Cette illusion de mouvement est connue depuis de nombreuses années. Vos grands-parents l'ont peut-être essayée pendant leur enfance.

Commencez avec un petit morceau de papier à décalquer. Du papier de soie fait l'affaire comme d'ailleurs tout papier très mince. Vérifiez-le tout simplement en le plaçant sur cette page; assurez-vous que vous pouvez toujours voir le dessin à travers le papier.

Pour faire la grille, tracez sur le papier à décalquer un carré d'environ deux pouces dans chaque direction. Ne découpez pas le carré parce que vous avez besoin d'une petite marge sur au moins un des côtés, ce qui vous permettra de tenir le papier.

Dessinez des lignes parallèles horizontales à tous les $1/8$ de pouce, depuis le haut vers le bas. Ensuite, faites-en autant à la verticale. Votre grille devrait ressembler à ce que vous voyez ci-dessous.

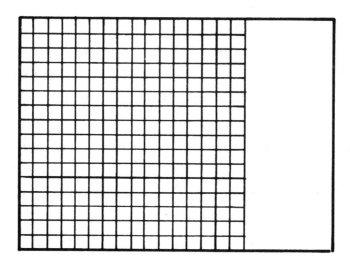

Maintenant, dessinez des lignes diagonales parallèles à tous les ⅛ de pouce, depuis la gauche vers la droite, dans tous les carrés. Après, recommencez l'opération avec une autre série de lignes diagonales, depuis la gauche vers la droite. La grille terminée paraît ci-dessous.

Placez la grille finie sur cette page. Lorsque vous tentez de lire à travers la grille ce que dit la page, vous constatez que c'est presque impossible.

Prenez, par la marge que vous avez laissée, le bord du papier à décalquer. Commencez par du va-et-vient avec la grille sur les caractères que vous voulez lire.

Qu'est ce qui arrive aux lignes de la grille? Qu'est -ce qui arrive aux caractères de la page sous la grille?

L'image rémanente intervient encore. Souvenez-vous qu'il y a de l'espace entre les lignes. Lorsque vous fixez votre regard sur la page sous la grille, votre cerveau ignore les lignes qui se déplacent en va-et-vient. Par conséquent, lorsque vos yeux voient la grille, votre cerveau conserve encore l'image rémanente, et, pendant que cela disparaît, vos yeux voient encore l'objet.

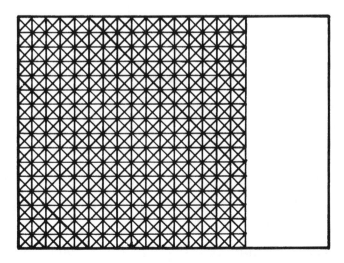

Vue sous le verre

Placez un petit objet plat sur la table ou sur le comptoir. Un cent est adéquat de même qu'un trombone, voire un bout de papier.

Sur cet objet, placez un verre, lequel doit être transparent. Regardez dans le verre, au-dessus de celui-ci et par le côté. Vous voyez certes l'objet sous le verre.

Ajoutez maintenant de l'eau dans le verre. Remplissez-le le plus possible sans que l'eau déborde. Replacez-le de nouveau sur l'objet dont il a été question plus haut. Vous verrez encore une fois l'objet sous le verre. Où est donc l'illusion?

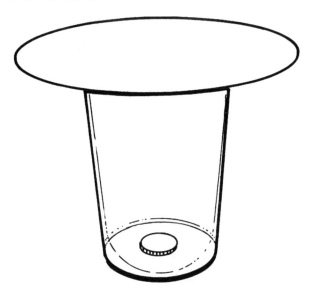

Placez une soucoupe ou le couvercle de plastique d'un contenant de margarine sur le dessus du verre, conformément à ce qu'indique l'illustration ci-dessus.

Souvenez-vous que lorsque les rayons lumineux passent à travers le verre, ils dévient. Lorsque la soucoupe est sur le verre, les rayons de lumière qui dévient vers le haut du verre frappent la soucoupe, ce qui les bloque. Les rayons lumineux provenant de la pièce de monnaie ne peuvent être vus et semblent donc avoir disparu.

Mouvement étrange

Découpez un cercle de cinq pouces ou presque dans un carton de céréales. Tout matériau rigide fera également l'affaire, mais le carton de boîtes de céréales est habituellement facile à trouver.

Découpez une ouverture, conformément à l'illustration ci-dessous.

Faites attention lorsque vous enfoncerez dans le carton la pointe des ciseaux. En effet, c'est un trou dans le carton que vous voulez et non dans votre doigt.

La petite ouverture devrait avoir une longueur d'un pouce, une largeur de 1/8 de pouce et se trouver à environ 1/2 pouce du bord extérieur du disque de carton.

Trouvez ensuite le centre exact du disque et faites-y un petit trou. Si vous avez oublié comment trouver le centre d'un cercle, consultez la page 173. Cette technique fonctionne à chaque fois.

Enfoncez un crayon dans le centre, conformément à ce qu'indique l'illustration de cette page.

Tenez le crayon entre vos mains ouvertes et frottez-les ensemble.

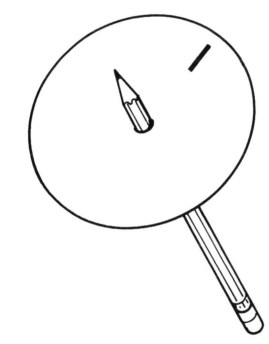

Frottez rapidement vos mains, de sorte que le crayon entre vos mains tourne dans les deux directions. Lorsque le crayon pivote, le disque tourne aussi.

Si le disque glisse sur le crayon, utilisez plusieurs pièces de ruban adhésif qui servent à fixer le disque au crayon.

Faites tourner une table tournante sans disque. Placez une pièce de papier ou de carton sur un côté de la table tournante, comme ci-dessous.

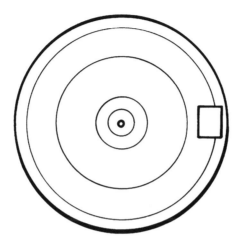

Pendant que la table tournante est en mouvement, faites tourner le disque à l'aide de vos mains. Regardez directement la table tournante par la petite fente du disque. Qu'est-ce qui arrive au papier de la table tournante? Y a-t-il va-et-vient? Cela ne se peut pas.

Essayez de faire tourner votre disque plus rapidement ou lentement afin de voir s'il surviendra un changement dans l'effet que produit la table tournante.

Avez-vous une lampe fluorescente près de vous? Ce sont de longs tubes. Dans les écoles, beaucoup de classes en ont.

Regardez la lumière fluorescente par votre disque qui tourne. Si vous avez la bonne vitesse, vous parviendrez à faire clignoter la lumière, tout comme s'il s'agissait d'une lumière stroboscopique à un concert ou dans une discothèque.

Taches et couleurs

Vue de la grille

Regardez l'illustration de cette page. Partout où les lignes se croisent, vous remarquez une chose intéressante.

Bien entendu, ces taches grises ne se trouvent pas vraiment dans l'image. Elles sont donc une illusion d'optique. Faisons-les maintenant bouger.

Fixez directement un des points gris. Que se produit-il? Où s'en va-t-il?

Essayez avec d'autres points gris. Regardez-en un directement. Est-ce qu'il disparaît également?

Corps flottants

Percez un petit trou dans du papier ou sur une carte blanche de fichier. Cela s'appelle un trou d'épingle. Si le trou que vous faites est plus grand qu'un trou d'épingle, vous pouvez tout de même réussir l'expérience.

Tenez maintenant le petit trou devant votre œil. Fixez la lumière par le trou. Ne regardez pas le soleil. Une lampe avec abat-jour dégagera suffisamment de lumière. Vous verrez comment faire en étudiant l'illustration de cette page.

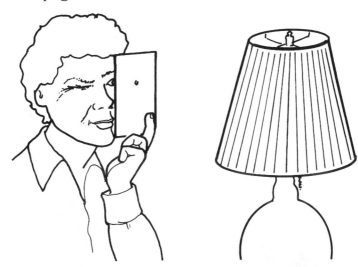

Fermez l'œil qui ne regarde pas par le trou d'épingle, et fixez le trou lui-même; vous commencerez à voir de petits cercles ou anneaux qui se déplacent lentement.

Après une minute, changez d'œil et recommencez. Le même phénomène devrait se reproduire.

Ces petits éléments mobiles s'appellent des corps flottants. En fait, ils se déplacent à l'intérieur de votre globe oculaire. C'est normal et cela ne signale rien de défectueux avec vos yeux. De temps en temps, de petites cellules de vos yeux se libèrent et flottent dans le liquide qui remplit votre globe oculaire. C'est pourquoi nous les appelons corps flottants.

La plupart des personnes ont une autre sorte de corps flottant à l'intérieur des yeux. Pour vérifier cela, vous pouvez, notamment, regarder le plancher pendant quelques secondes; ensuite, relevez rapidement la tête et regardez un mur coloré pâle. Vous verrez peut-être de plus petits objets foncés qui semblent se situer entre vous et le mur.

Ne vous en faites pas si vous ne réussissez pas à voir des corps flottants. Les personnes âgées en ont normalement davantage que les enfants, et certains jeunes ne semblent pas en avoir du tout. Rappelez-vous, toutefois, que lorsque vous élevez subitement le regard et voyez de petites taches bougeant dans l'espace, ces taches sont vraiment à l'intérieur de vos yeux.

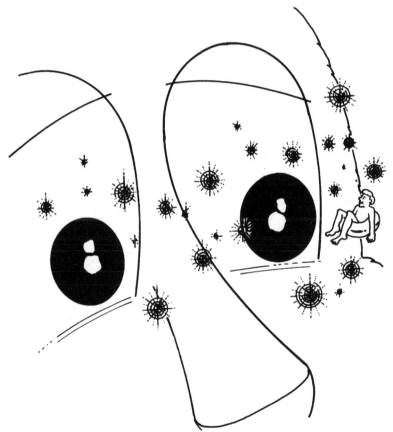

Je crois que je ne suis pas censé voir cela!

Illusion colorée

Commencez par créer un triangle orangé vif sur une feuille de papier blanc. Un triangle d'une hauteur d'environ un pouce conviendra.

Prenez maintenant une carte où se trouve un trou d'aiguille et, tenant le triangle orangé à distance, devant vous, regardez par le trou d'aiguille de la carte, conformément à ce qu'indique le dessin de la page.

Qu'est-ce qui arrive à la couleur vive du triangle orangé? Est-ce que la couleur a pâli ou est-ce seulement une illusion?

Essayez ceci. Sur un morceau de papier blanc, tracez un carré tout rouge, à côtés d'un pouce. Fixez-le directement durant quelque trente secondes; ensuite, regardez au loin, et fixez votre regard sur un morceau de papier blanc ou sur un mur blanc. En quelques secondes, un carré apparaîtra, mais il ne sera pas rouge!

Maintenant colorez un cercle vert sur un morceau de papier blanc. Vous pouvez utiliser le papier du carré rouge. Pliez-le toutefois afin que le carré disparaisse. Fixez-le intensément durant trente secondes. Ensuite, regardez la feuille de papier blanc. Quelle couleur voyez-vous?

Faites la même chose avec le triangle oranger que vous avez déjà fait. Regardez-le et remarquez la couleur qu'il prendra lorsque vous regarderez plus loin.

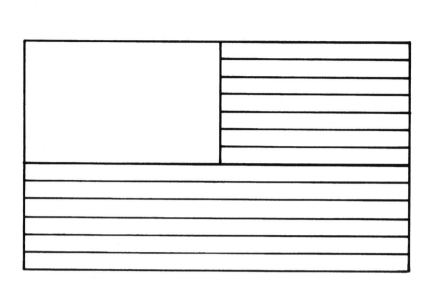

L'illustration ci-dessus devrait vous rappeler un objet familier. Esquissez un drapeau d'une hauteur de 6 ½ pouces et d'une largeur de 10 pouces.

Colorez jaune orange le petit rectangle; ensuite colorez la bande supérieure en vert et la seconde en noir. Continuez ainsi jusqu'au bas du drapeau, en alternant les couleurs. Vous devez finir avec une bande verte. Il doit y avoir sept bandes vertes et six bandes noires. Veillez à ce que vos couleurs soient bonnes et foncées. Si c'est ce que vous voulez, ajoutez des points noirs au champ orange. Faites alterner cinq rangées de six points et quatre rangées de cinq points. Si vous commencez par et finissez par une rangée de six points, le travail est parfaitement exact.

C'est le projet que vous voudrez probablement coller à votre mur ou placer sur votre tableau d'affichage. Placez une feuille de papier blanc près du drapeau afin les autres constatent l'illusion entre l'original et le papier tout blanc.

Couleurs tournoyantes

Il y a près de 150 ans, des scientifiques allemands ont découvert une façon de produire de la couleur à l'aide de dessin en noir et blanc. Ils ont découvert un disque qui, même aujourd'hui, est une illusion formidable.

Voici le premier disque que vous fabriquerez.

Faites ce disque aussi gros que vous le voulez, mais un diamètre de 3½ pouces sera adéquat. Servez-vous de n'importe quel matériel rigide (une carte de fichier de 4 pouces sur 5 pouces est parfaitement satisfaisante).

Si vous n'avez pas de carton blanc, faites votre cercle sur du papier blanc, colorez-le et découpez-le. Collez-le à une pièce rigide (du carton de boîte de céréale, par exemple) ou utilisez du ruban adhésif pour ce faire.

Un marqueur à pointe douce est excellent pour colorer, mais un crayon noir pourra aussi exécuter le travail.

Colorez la moitié du disque tout en noir; ensuite, ajoutez les deux ensembles de lignes courbes noires. Un compas ou le bord d'un objet rond vous aidera à tracer ces lignes.

Essayez d'espacer les courbes uniformément. Dessinez-les d'abord au crayon. Repassez ensuite sur ces lignes avec le marqueur ou un crayon de cire. Si les espaces entre les lignes ne sont pas exactement les mêmes, le projet échouera. Vous ne devez donc pas paniquer. Lorsque le disque est coloré, il est temps de voir si les chercheurs allemands savaient de quoi ils parlaient.

D'abord, nous avons besoin de faire tourner le disque. Il y a trois approches.

Une consiste à passer une épingle droite par le centre du disque, veillant à ce que la tête de l'épingle soit devant le disque (ainsi, le disque ne s'échappera pas). Tenez fermement le bout pointu de l'aguille et servez-vous de l'autre main pour faire tourner de disque.

La deuxième façon de faire tourner le disque, c'est de pousser la pointe d'un crayon dans le centre du disque. Tenez le crayon entre les paumes de vos mains tout en frottant celles-ci. Cela fait tourner le disque dans une direction puis dans l'autre. Un crayon angulaire est supérieur à un crayon rond. Quelques pièces de ruban adhésif collées au dos du disque et au crayon devraient également aider.

Quant à la troisième façon, il faut se servir du disque tournant. Si vous avez oublié comment en construire un, consultez la page 172. Si vous avez de la difficulté à tenir droit le disque tournant, recourez à des pièces de ruban adhésif au dos du disque afin que ce ruban colle aux cordes, là où elles passent dans le disque. L'illustration ci-dessous vous montre comme le faire.

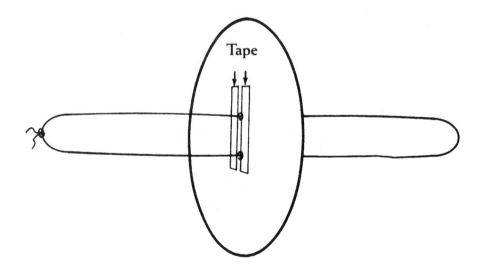

Donnez un bon élan à votre disque. Surveillez ce qui se passe avec le motif blanc et noir. Si vous ne voyez pas aussitôt les couleurs, ne désespérez pas. Faites tourner le disque encore et surveillez attentivement.

Vous devriez voir du brun et du vert. Lorsque le disque tourne dans un sens, le brun apparaît vers le bord extérieur du disque. Lorsqu'il tourne dans l'autre sens, vous voyez alors du bleu. Vérifiez cela vous-même.

Dans l'illustration ci-dessous, vous voyez un autre modèle de disque, qui produira d'autres couleurs lorsqu'il tournera. Fabriquez-le à l'aide des mêmes techniques que l'autre.

Lorsque ce disque tourne, vous devriez remarquer du bleu, du vert

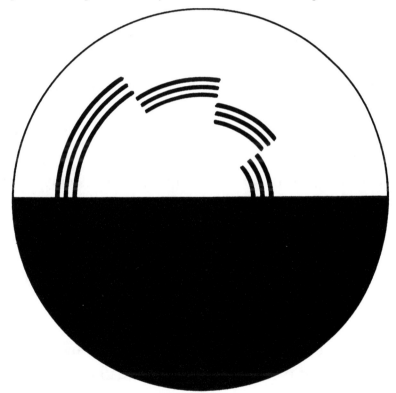

et du brun. Tout comme pour le premier disque, les couleurs changent de position lorsque vous inversez la direction du mouvement.

Roue colorée

Vous avez probablement vu une roue colorée dans la salle consacrée aux arts à l'école. Elle montre les couleurs dans un ordre particulier. De plus, elle est une illusion d'optique très intéressante.

Faites un disque au diamètre de 3 1/2 pouces. Cette fois-ci, il faut de la précision parce qu'un tel disque est plus facile à subdiviser en 21 parties égales. C'est exact : 21.

Servez-vous d'une règle pour mesurer le bord extérieur du disque et placez un point à tous les 1/2 pouces. Si tout va bien, vous devriez terminer avec 21 segments égaux. Si le dernier est un peu plus large ou étroit que les autres, le projet réussira tout de même.

L'illustration de la page suivante montre le disque avec toutes les lignes bien placées. Elle indique aussi comment colorer chaque segment du disque.

Colorez chaque section en fonction de cette clé : W = blanc; R = rouge; O = orange; Y = jaune; G = vert; B = bleu; V = violet. Les crayons de couleurs sont plus faciles à utiliser que les crayons de cire, mais ceux-ci feront l'affaire si vous avez une main stable.

Lorsque le disque est coloré, faites-le tourner. Au fur et à mesure qu'il tourne plus vite, vous le voyez changer de couleur. Si vous réussissez à le faire tourner assez vite, vous ne verrez qu'un disque blanc. Il est toutefois plus vraisemblable que vous verrez un havane pâle ou du gris pâle.

Lorsque le disque cesse de tourner, vous voyez toutes les couleurs, à leur place. La couleur pâle n'était qu'une autre illusion d'optique.

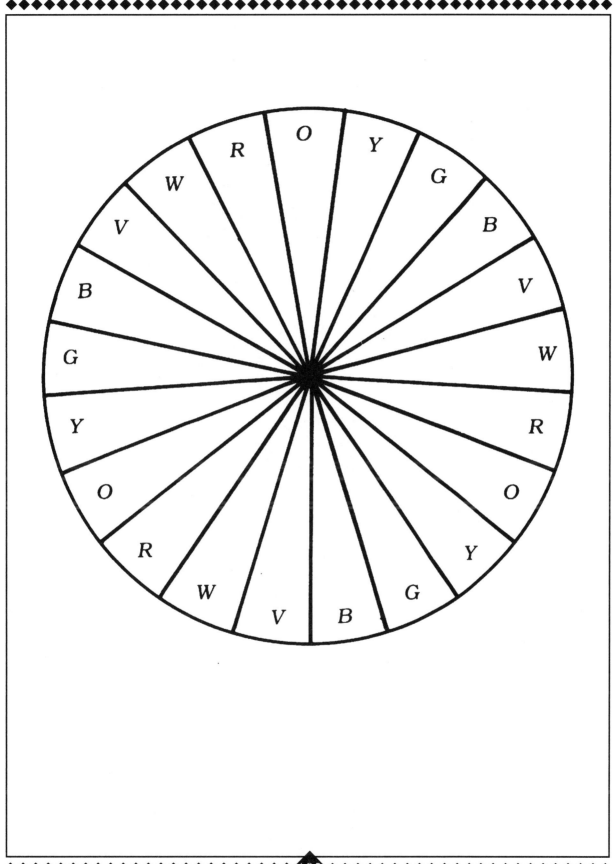

Autres trucs visuels

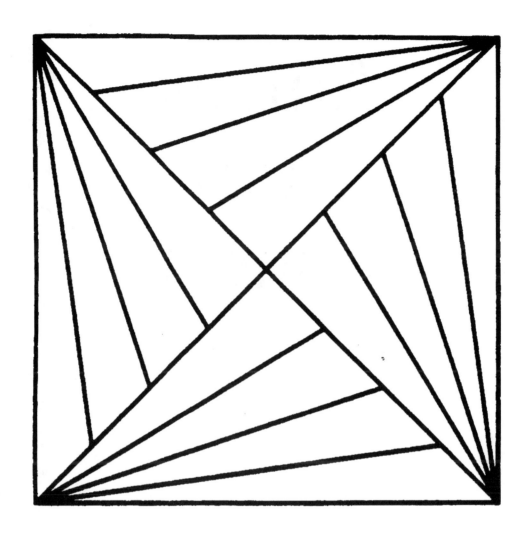

Combien de triangles pouvez-vous trouver dans ce dessin?

Les boucles dans ce pointage de conception « de bascule électron-
ique » sont-elles jusqu' à la guache ou vers la droite?.

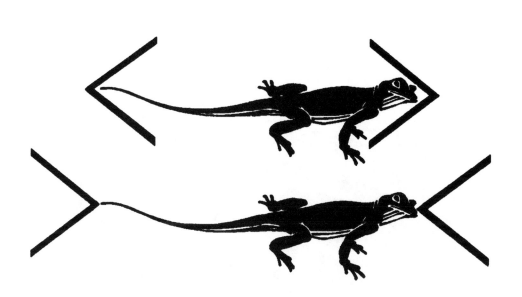

a. Quel lézard est le plus long?

b. Le cœur est plus rapproché de quel bout de la flèche?

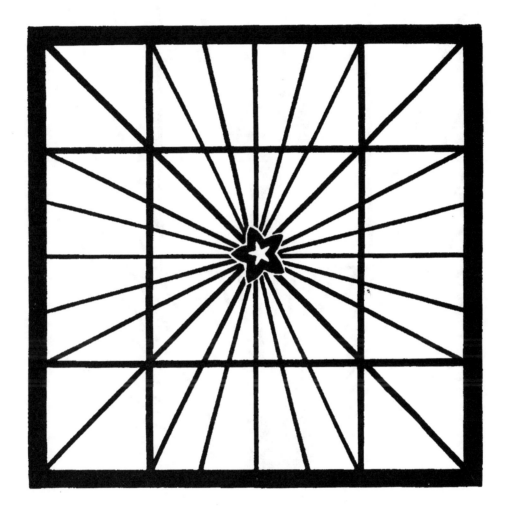

Est-ce que le centre du carré semble bombé?

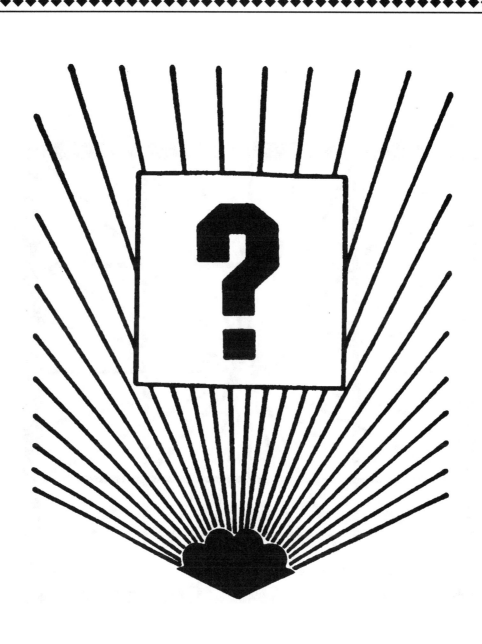

Que dites-vous de ce carré? Est-il plus étroit en haut?

Qu'y a-t-il d'inhabituel au sujet de cette image?

Cet étudiant était très brillant. Des années plus tard, il est devenu professeur. De quoi a-t-il maintenant l'air?

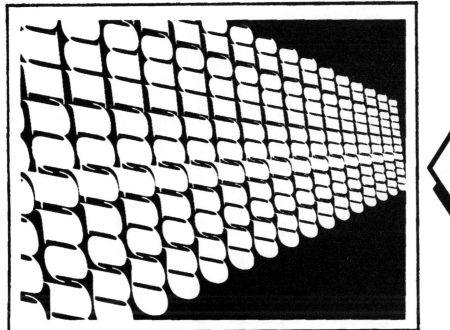

Est-ce une série de formes abstraites ou un message?

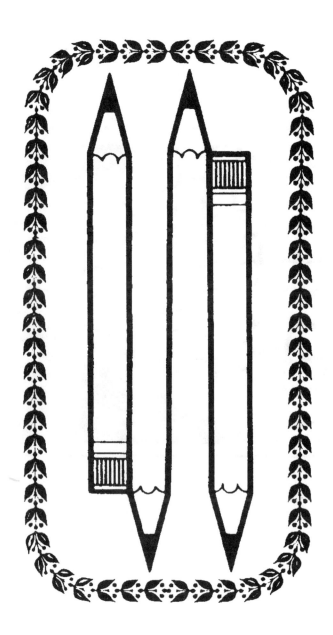

Pouvez-vous vous servir de ces crayons disparaissants afin d'écrire des messages secrets?

Cette fille est amusée par le spectacle de magie, mais où est le magicien?

Quelle fleur a le plus grand centre?

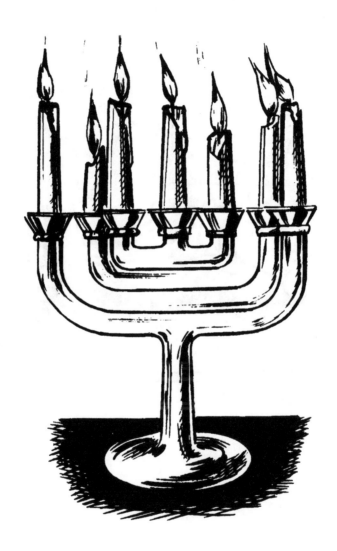

Qu'est-ce qui ne va pas dans cette image?

Pouvez-vous trouver la mère de cet enfant?

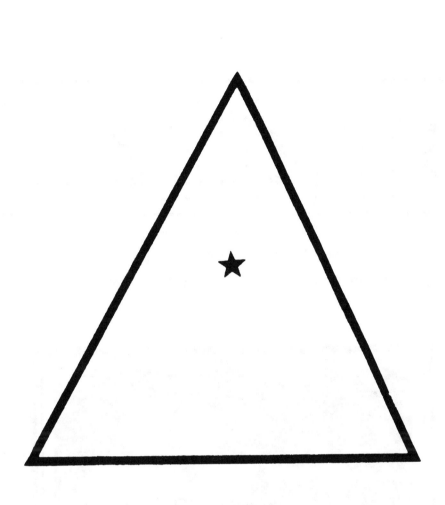

Est-ce que l'étoile est à mi-chemin entre la pointe et la base du triangle? Ou est-elle trop haute?

Les points du n° 1 semblent disposés verticalement. Les points du n° 2 semblent placés horizontalement. Comment voyez-vous les points du n° 3?

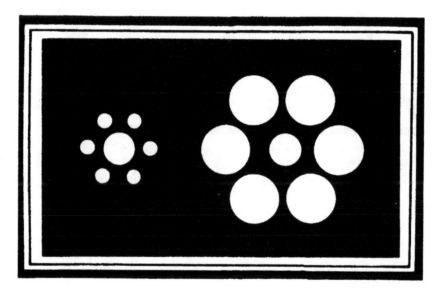

Ce problème de maths est erroné. Pouvez-vous trouver la réponse correcte?

a. Qu'est-ce que ces canards ont de particulier?

b. Pouvez-vous lire ce mot? Les points sur les « i » n'y sont pas.

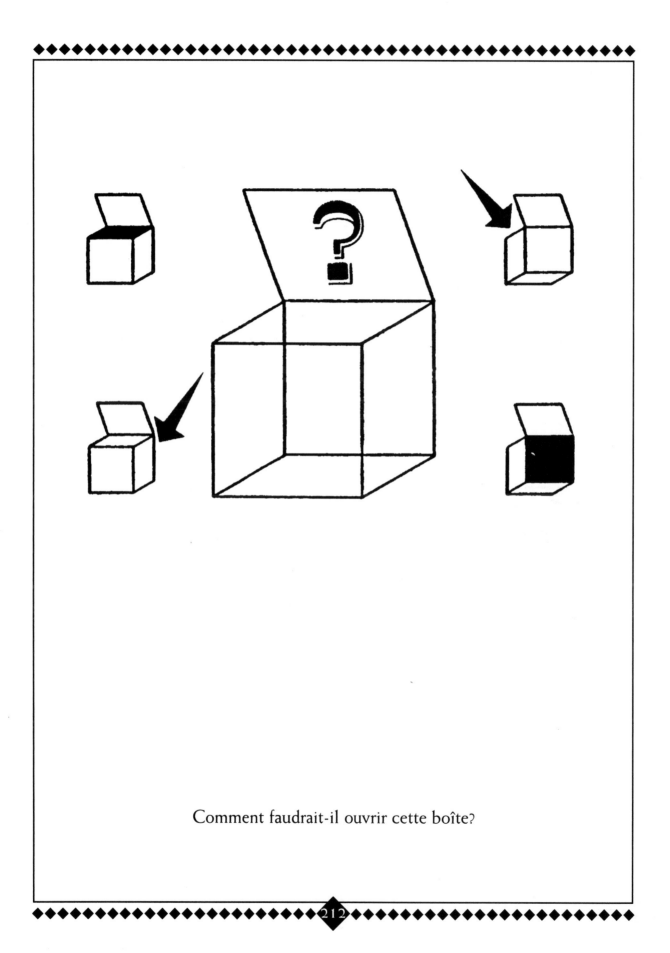

Comment faudrait-il ouvrir cette boîte?

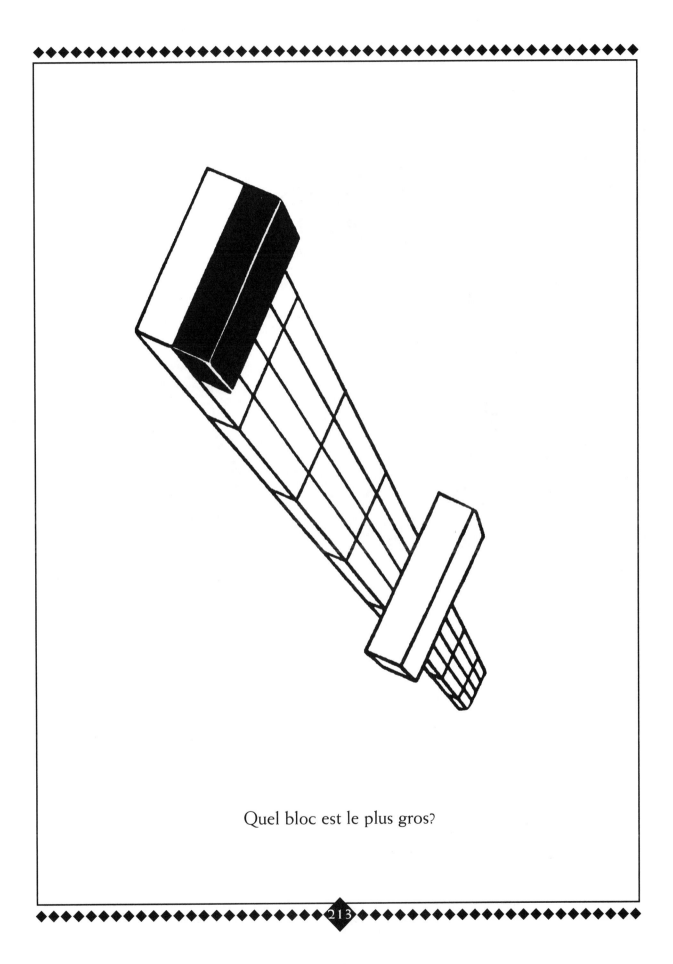

Quel bloc est le plus gros?

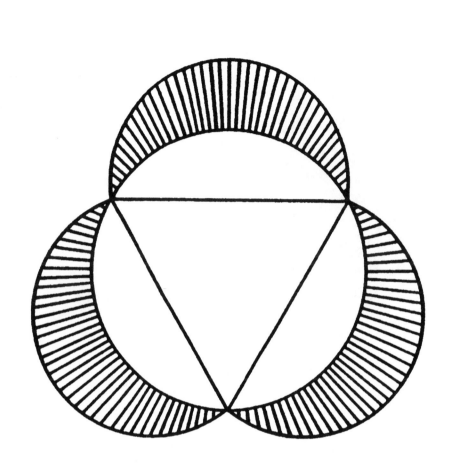

Est-ce que le cercle est parfait ou est-il ondulé aux pointes du triangle?

L'image cache le visage de deux hommes. Pouvez-vous les trouver?

Pensez-vous que les côtés des arches du cloître sont disjoints?
Se joignent-ils?

En lisant l'affiche, nous voyons THE CAT, mais les lettres du milieu de chaque mot sont identiques. Pourtant nous voyons H dans THE et A dans CAT. Pourquoi est-ce ainsi?

Qu'y a-t-il de particulier avec le cerceau que tient Geoffrey?

Qu'est-ce que cette image?

Est-ce que le carré est défectueux à droite?

Trouvez l'objet caché que vous regardez un schéma d'une scène de rue. Il y a des systèmes, les gens marchant, jeu d'enfants. Mais, y a-t-il d'autre chose? Regardez plus étroit, et assez sûr, certaines parties du schéma se transforment en oiseaux—ou renards–ou monstres!

Ce sont des images « d'objet caché ». Vous les avez probablement vues beaucoup de fois. Les objets ne sont pas vraiment cachés; ils sont juste camouflés dans l'autre forme. Une fois que vous les découvrez, il est aussi difficile de les ignorer car ils devaient trouver.

Ces puzzles cachés d'objet sont juste des illusions optiques, aussi. Ils dépendent d'un tour. l'artiste a mélangé les contours des objets cachés avec les contours d'autre, une forme plus remarquable. Afin de trouver les objets cachés, vous pouvez devoir tourner l'image à gauche, à droite, ou même à l'envers!

Le patient est inquiet parce que son dentiste lui dit qu'une dent doit
être arrachée. Comment peut-il l'empêcher de faire mal?

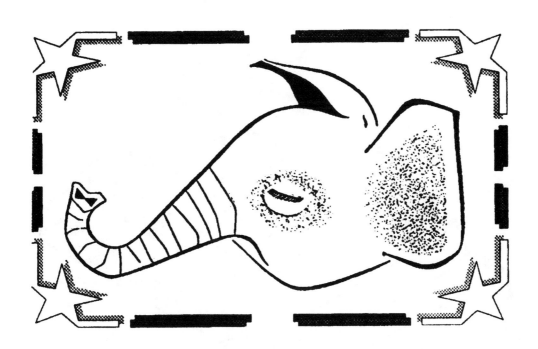

Jumbo l'éléphant est maussade. Pouvez-vous trouver une façon
de lui redonner la joie?

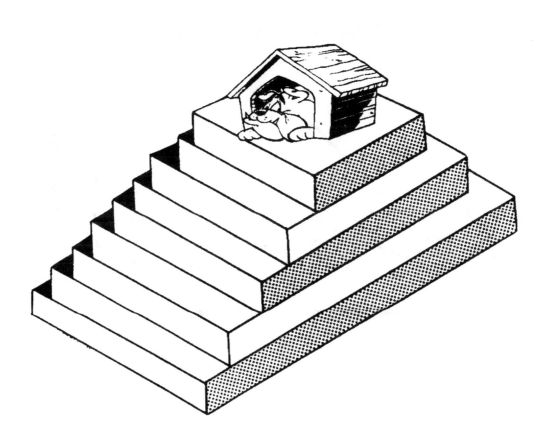

Remarquez-vous de l'anormal dans cette série de marches?

Ce bonhomme aide le père Noël. Mais où est ce dernier?

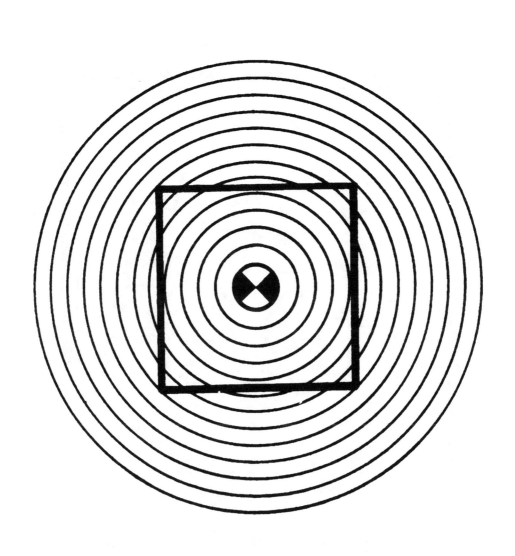

Qu'est-ce qui étonne à propos de ce carré?

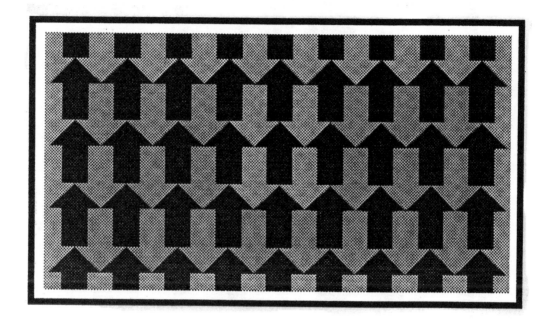

De quoi s'agit-il? De flèches foncées tournées vers le haut ou de
flèches pâles tournées vers le bas?

Ce soldat cherche un cheval. Savez-vous où il est?

Cette petite boucle est-elle un cercle parfait?

Qu'est-ce que ce diagramme a de particulier?

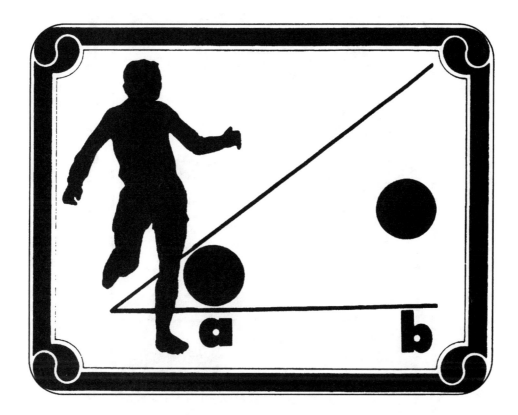

Est-ce que ces balles sont de la même grosseur?

Voici le capitaine Fracasse, le vieux marin. De quoi avait-il l'air lorsqu'il était jeune?

Faites tourner cette page. Que se passe-t-il?

Quel couple de têtes est le plus gros?

S'agit-il d'un bloc dont un morceau a été enlevé? Ou est-ce un bloc à laquel un morceau a été collé?

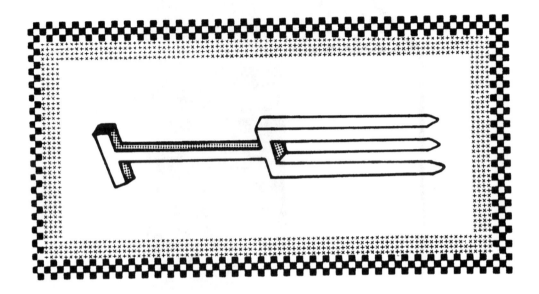

Combien de dents y a-t-il à cette fourchette? En voyez-vous
deux ou trois?

Qu'est-ce que cette image?

Cette esquisse repose sur « La mort et le bourgeois », oeuvre qui a été dessinée au XVIIIe siècle par Mathaus Merian l'Ancien. Selon vous, d'où vient le nom du tableau?

Réponses

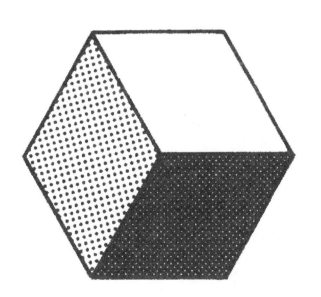

Page 8: Illusion. C'est une création impossible.

Page 10: Jamais. C'est un dessin truqué.

Page 11: Il est impossible de le savoir. Le jumeau qui porte les bandes horizontales semble plus gras, mais l'est-il vraiment? Nos yeux suivent les lignes de son complet. Ainsi, le jumeau de droite semble plus large et plus court que son frère.

Page 12: Non, mais il paraît plus haut et plus large à l'arrière à cause de la façon de le dessiner. Nous nous attendons à ce que l'arrière soit plus éloigné et ait l'air plus petit. Comme il a les mêmes dimensions, nous supposons automatiquement qu'il est plus gros à l'arrière.

Page 13, haut: Les deux sont possibles. Tout dépend de la façon de la regarder.

Page 13, bas: Non. Il semble toutefois l'être parce que « b » se trouve dans un plus grand espace.

Page 14: Ils sont de la même grandeur. L'homme à droite semble le plus grand. Nous nous attendons à ce que les personnes soient plus petites lorsqu'elles sont plus éloignées. L'homme de droite est le plus éloigné et il devrait normalement sembler plus petit. Puisque tel n'est pas le cas, nous supposons qu'il est vraiment plus grand que les autres.

Page 15: La croix de points se trouve juste à la droite du centre du diagramme. Elle forme le mot « R-I-G-H-T ». Il vous faudra peut-être un certain temps avant de la trouver parce que les autres points sont des sources de distraction.

Page 16, haut: Ils sont de la même longueur. Nos yeux suivent les lignes. La ligne « a » semble se prolonger en raison des « ailes » des extrémités. La ligne « b » est coupée par les pointes de flèches et semble donc plus courte.

Page 16, bas: Exactement. Ils semblent plus longs par rapport au contexte.

Pages 17–21:

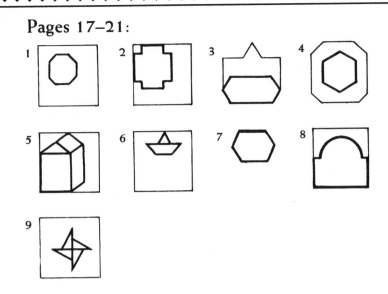

Page 22: Un triangle équilatéral.

Page 23, haut: Ils sont tous égaux.

Page 23, bas: La ligne « a » égale la ligne « b », et « c » égale « d ». La ligne « a » semble plus longue que la ligne « b » parce que nous additionnons inconsciemment à sa longueur les cercles à la fin de la ligne. Il en va de même avec la ligne « c » avec son carré vide.

Page 24: Dans « a », les deux sont identiques, mais le blanc semble plus gros. Lorsqu'une lumière brillante frappe la rétine de nos yeux, (où se trouvent les cellules nerveuses), plus de fibres nerveuses réagissent que ce qui a effectivement été frappé par la lumière. Il s'ensuit un " effet multiplicateur ", et les objets lumineux semblent plus gros qu'ils le sont réellement. Dans "b", le cercle noir est effectivement plus grand, bien qu'il semble de même grosseur.

Page 25: Chaque œuf peut aller dans n'importe quel coquetier.

Pages 26 et 27: Les cercles intérieurs sont identiques. Celui de droite semble plus petit parce que nous jugeons habituellement la taille d'un objet en fonction des objets qui l'entourent.

Pages 28 et 29: Les deux surfaces grises sont de même intensité. Toutefois, les lignes blanches donnent l'impression que l'espace de gauche est plus brillant.

Page 30, haut: Mesurez-le. Les lignes courbes forcent nos yeux à se déplacer vers la gauche du véritable centre.

Page 30, bas: Il est exactement au centre.

Page 31, haut: Les barres transversales sont exactement au centre des triangles.

Page 31, bas: Non. Ce sont des objets de même dimension. Voici un autre exemple de la difficulté d'évaluer la dimension lorsqu'il est question d'angles.

Page 32: Les deux cercles sont de la même grosseur : dans le cercle du haut de la page, les flèches portent nos yeux à regarder vers l'intérieur; au bas, nos yeux sont portés à regarder vers l'extérieur.

Page 33: Tous les objets sont de la même longueur.

Page 36:

Page 37: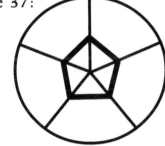

Page 38: Non. Pour mieux visualiser son trajet, défaisons le cube et regardons ces éléments à plat. Selon ce diagramme, vous pouvez voir que la distance la plus courte entre deux points est la ligne droite. Cette ligne ne correspond pas à son trajet prévu (indiqué par la ligne pointillée).

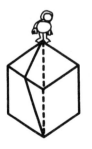
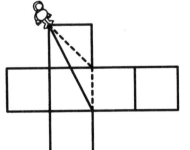

Page 39: Vous voyez un contour en forme positive du négatif qui est sur le dessus.

Page 40: N'ouvrez que l'anneau du bas. Les deux anneaux supérieurs ne sont pas reliés l'un à l'autre.

Page 41: Elle ne sera pas prise par le tuyau. Pour visualiser ce qui se passe, commencez au tuyau. De là, retracez le cheminement vers le tuyau en vous éloignant du centre. Après quelques tours, le tuyau est dégagé à l'ouverture, à la droite du labyrinthe.

Page 42:

Page 43: Partie I: Vingt-deux côtés. Partie II: Trente-six côtés.

Page 44: C.

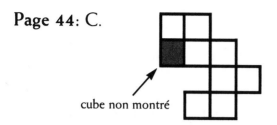

cube non montré

Page 45, haut: B est le seul motif qui produira une pyramide triangulaire à quatre côtés.

Page 45, bas: Six. À chaque trente minutes du voyage, vous croiserez un train. Si vous comptez le train entrant à la gare de Metropolis et ne comptez pas le train entrant de la gare de Gotham City, vous verrez six trains.

Page 46: 27 triangles: 16 triangles d'une cellule; 7 triangles de quatre cellules, 3 triangles de neuf cellules et 1 triangle de seize cellules.

Page 47:

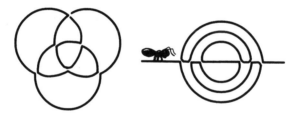

Page 48: Dix-huit, mais vous n'avez pas à tous les tracer. La façon la plus facile de réussir ce casse-tête est de commencer au début et de déterminer le nombre de voies pouvant vous conduire à une intersection. Le nombre de voies vers chaque intersection successive est égal à la somme des voies qui y sont « reliées ».

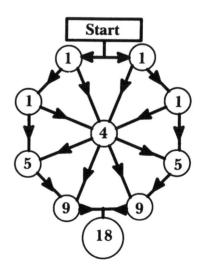

Page 49, haut: 21. En vous déplaçant autour du cercle, dans le sens des aiguilles d'une montre, vous trouvez que le nombre de chaque section est égal à la somme des deux sections antérieures.

Page 49, bas: Quinze poignées de main. La première personne aura serré cinq mains. La personne suivante n'avait que quatre mains à serrer puisqu'il y avait déjà eu contact avec la première personne. La personne suivante ne devait en serrer que trois, et le reste. Cela nous donne 5 + 4 + 3 + 2 + 1 = 15.

Page 50: E.

Page 51: 56 pages. Voici comment les nombres se présentent sur chaque page double.

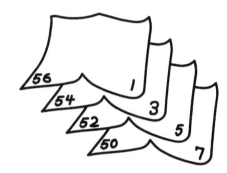

Page 52: Cubes A et D.

Page 53: Motif D.

Page 54 haut: Puisqu'elles ont le même nombre de dents, elles tourneront à la même vitesse. La roue C n'a aucun effet sur le rythme de passage des dents; elle ne sert qu'à passer les dents de la roue B à la roue D.

Page 54, bas: La main du centre de la dernière rangée est différente des autres. C'est la seule main droite.

Page 55: Non. Les courroies sont disposées de façon à empêcher leur mouvement.

Page 56: D.

Page 57: La flèche du cadran central de la dernière rangée est des plus inhabituelles. Par rapport aux autres, elle a deux pointes et seulement un aileron.

Page 60:

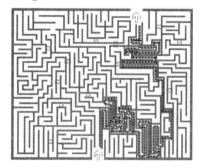

Page 61:

Page 62:

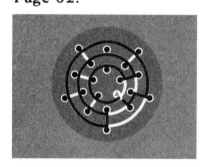

Page 64:

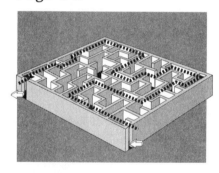

Page 65:

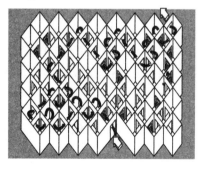

Page 66:

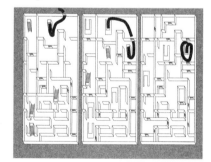

Page 67:

Page 68:

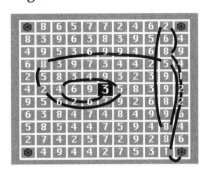

Page 69:

Page 71:

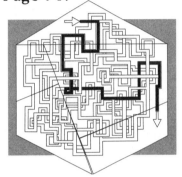

Page 72:

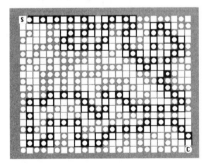

Page 73:

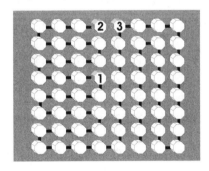

Page 76: Tout dépend de ce que vous avez vu en premier -- horizontalement: A, B, C, ou verticalement 12, 13, 14.

Page 77: La balle semble tourner.

Page 78: Vous voyez un crâne noir dans un cadre blanc.

Page 79: Les trois ânes n'ont en tout que trois oreilles.

Page 80: L'un ou l'autre. Le dessin inverse les choses.

Page 81: Regardez le côté gauche du porc.

Page 82: Les deux. Le dessin bascule.

Page 83: La fille nourrit l'oie.

Page 84: Devinez d'abord. Ensuite, utilisez la règle pour vérifier où est le prolongement. Oui, c'est " Y ".

Page 85: Comptez d'abord les flammes : 5. Comptez maintenant les bases de chaque chandelle; vous en trouverez 7.

Page 86: Sa bouche ressemble à un oiseau, ses yeux et son nez ressemblent à une chauve-souris.

Page 87: Inversez la page afin de trouver la réponse. Vous lisez « Life ».

Page 88: Joseph Staline.

Page 90: Choisissez.

Page 91: En fait, la roue arrière est un ovale, ce qui donne la bonne perspective.

Page 92: C'est un exemple d'organisation perceptive. Votre cerveau ajoute les morceaux qui manquent.

Page 93: Les deux cartes sont le huit de trèfle et la reine de cœur.

Page 94: Les trois poissons n'ont qu'une tête.

Page 95: Chaque tube peut donner dans différentes directions.

Page 96: Regardez attentivement et vous trouverez les profils d'Adam et Ève.

Page 97: C'est un éléphant impossible. Regardez ses jambes. Pouvez-vous les comprendre?

Page 98: L'une ou l'autre.

Page 99: Inversez la page afin que les flèches soient orientées vers le haut, et vous verrez une scène de cirque.

Page 100: Fermez un œil et approchez l'autre œil de la page. Le damier se redressera.

Page 101: Inversez la page.

Pages 102 et 103: Vous pouvez voir ceci comme bon vous semble.

Page 104: Les roues de la bicyclette semblent tourner.

Page 105: Ils sont identiques, mais le blanc a l'air plus grand parce que les objets foncés paraissent plus petits que les objets pâles.

Page 106: Aucune décision possible. Le dessin bascule.

Page 107: Un mendiant tendant la main ou le profil d'un visage d'imbécile.

Page 108: Il ont le même volume, mais les courbes donnent l'impression que le n° 1 est plus gros.

Page 109: Non. C'est une série de cercles. Vérifiez en suivant le contour avec votre doigt. Cette illusion s'appelle la spirale Fraser.

Page 110: Ils forment un triangle impossible! L'idée est d'abord apparue en Suède en 1934; le nom du créateur est Oscar Reutersvard.

Page 112: Cela dépend de la façon de regarder.

Page 113: Après avoir deviné la réponse, utilisez une règle pour vérifier les faits. Dans cette illusion, les lignes extérieures aident à nous convaincre de ce que le poisson du bas est le plus gros.

Page 114: Pour trouver la solution, inversez la page.

Page 115: Chaque cercle semblera tourner autour de son axe. La roue centrale vous donnera l'impression de tourner en sens inverse.

Page 138:

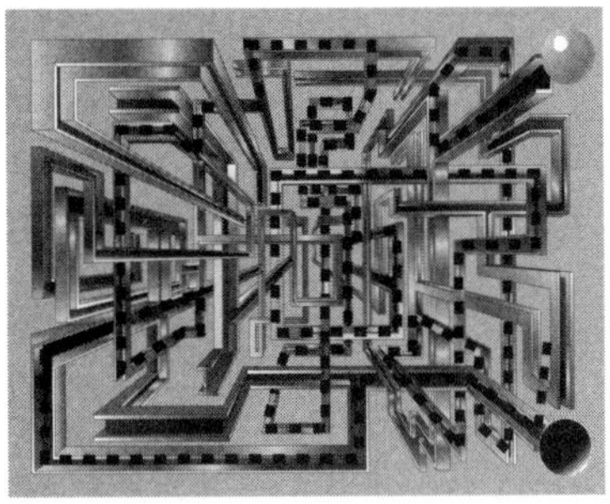

Page 139:

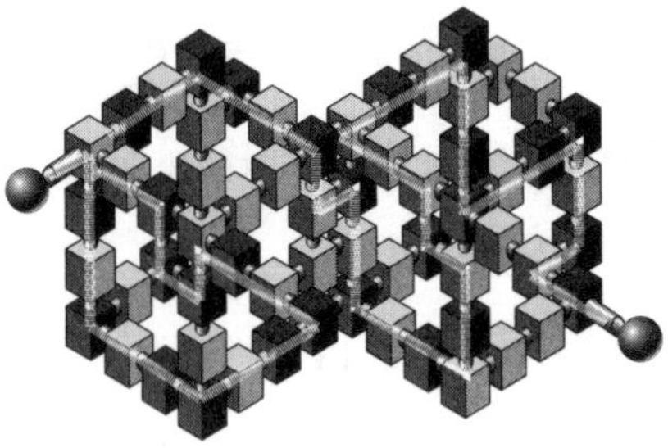

Page 140:

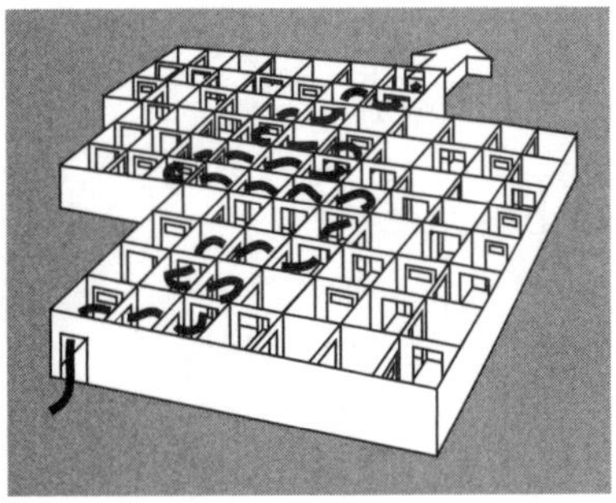

Page 141:

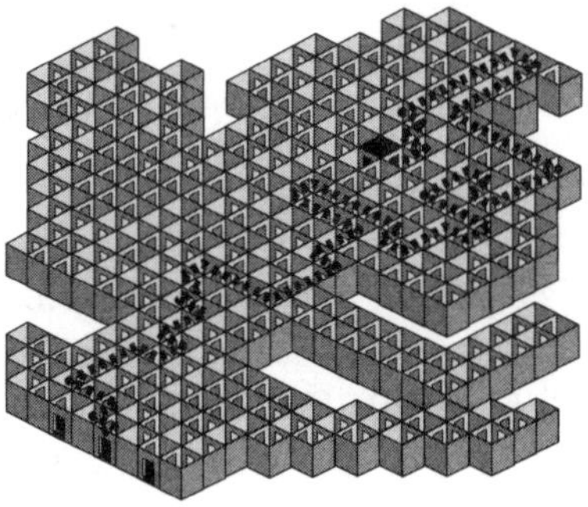

Page 142:

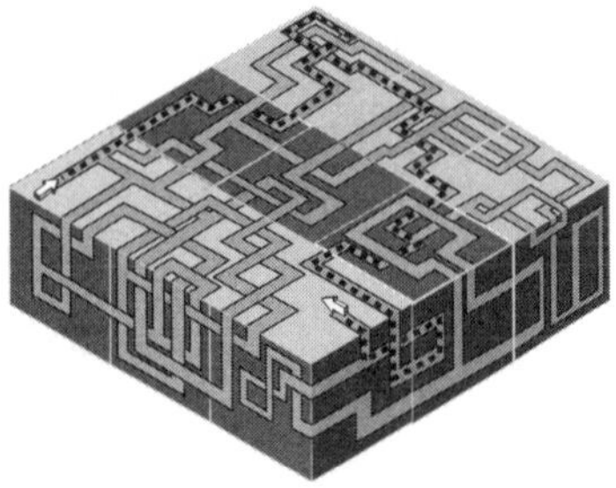

Page 143:

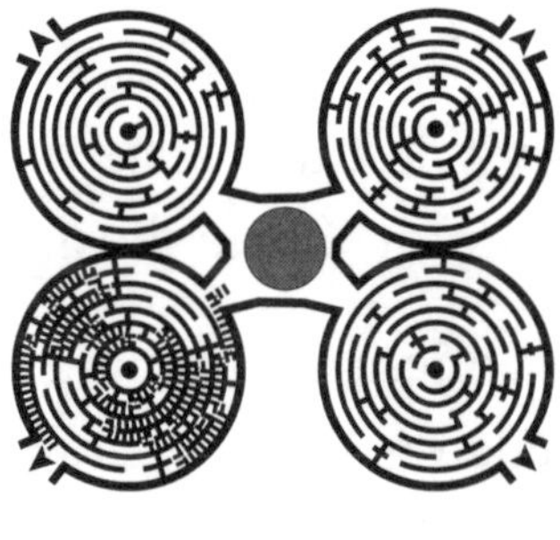

Page 144:

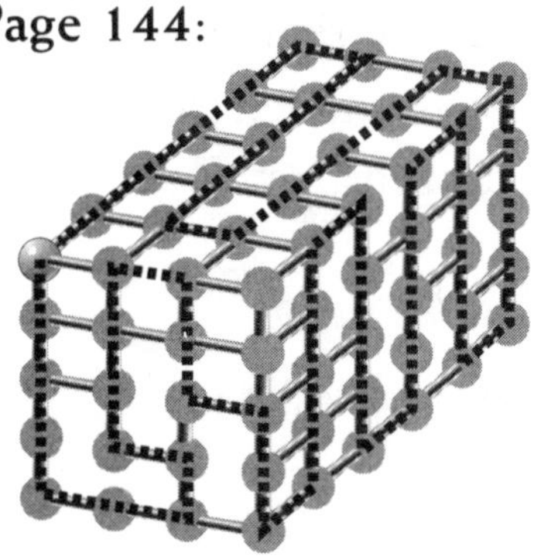

Page 145:

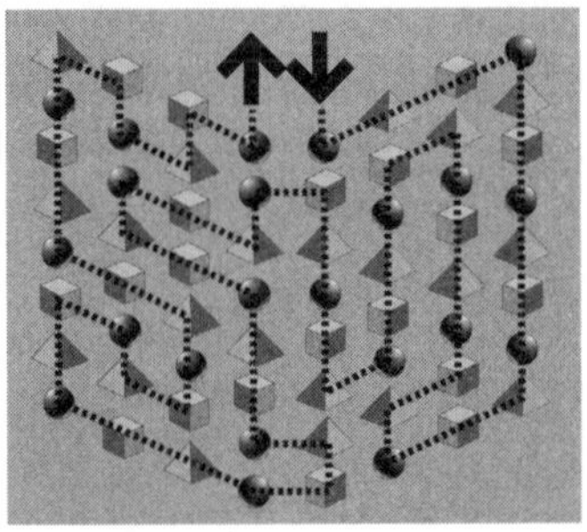

Page 146:

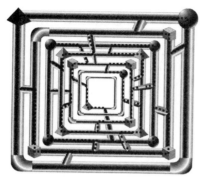

Page 147:

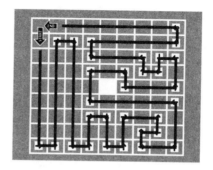

Page 148:

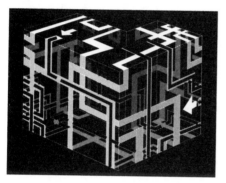

Page 149:

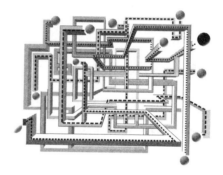

Page 150:

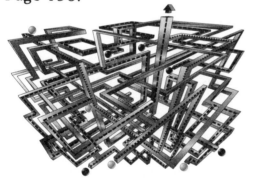

Page 151:

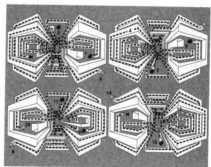

Page 197: Prenez vos caractères indicateurs de la petite boucle centrale. Ce peut être l'une ou l'autre voie.

Page 198 a: Ils sont de la même longueur, mais les flèches nous font croire que le lézard inférieur est plus gros que son ami.

Page 198, b: Croyez-le ou non, le petit cœur est exactement au centre de la ligne. Si vous en doutez, prenez une règle et mesurez le tout.

Page 199: Non. Ce n'est qu'une impression. Les lignes verticales et horizontales forment un carré parfait. Ce sont les lignes d'arrière-plan qui donnent l'impression de gonflement.

Page 200: Non. Le carré est également parfait. Les lignes d'arrière-plan donnent l'impression que le haut est plus étroit.

Page 201: Cette image n'est pas terminée, mais notre cerveau la termine. Nous pouvons visualiser le bord des pages de cette pile de livres. Il s'agit d'un autre exemple d' « organisation perceptive ».

Page 202: Inversez la page.

Page 203: Tournez la page afin que la flèche pointe vers le haut; vous verrez alors un mot qui est répété.

Page 204: Ce sont des crayons impossibles. Bien que vous puissiez les dessiner, vous ne pouvez vous en servir!

Page 205: Inversez la page pour le trouver.

Page 206: Peut-être celui de droite. En fait, ils sont identiques. Ce qui nous induit en erreur, ce sont les pétales autour du centre.

Page 207: Illuminez la pièce. C'est un candélabre impossible! Un certain nombre de branches semblent suspendues dans l'espace.

Page 208: Si vous inversez la page, et regardez très attentivement, vous verrez la tête de la mère. La couche du bébé devient le foulard de la mère.

Page 209: Devinez d'abord, mesurez ensuite. L'étoile est à mi-chemin entre la pointe et la base.

Page 210, a: Il est possible de les voir soit verticalement soit horizontalement.

Page 210, b: Regardez la réflexion de cette page dans un miroir

Page 211, a: Mettez un cent sur la tête du canard nº 1, et les canards se déplaceront vers la droite. Placez maintenant votre cent sur la tête du canard nº 2, et les canards marcheront vers la gauche.

Page 211, b: "Minimum".

Page 212: Vous pouvez ouvrir cette boîte de différentes façons -- selon le sens dans lequel vous voulez l'ouvrir.

Page 213: Les blocs sont de taille identique, bien que le blanc semble plus gros. C'est une autre illusion dans laquelle l'arriére-plan nous trompe.

Page 214: Il est parfait.

Page 215: Inversez la page. Ils sont au bord du pied du verre.

Page 216: Ils se croisent parfaitement.

Page 217: Notre cerveau tente de comprendre ce qu'il voit; il prend donc les devants, ferme le haut du second H, et lit un A.

Page 218: Le cerceau est circulaire, mais c'est un ovale qui est dessiné, ce qui donne la bonne perspective.

Page 219: Une souris ou la tête d'un homme.

Page 220: Non. C'est un carré parfait. Il semble défectueux à cause des lignes diagonales.

Page 221: Du bas jusqu au dessus et laissé au central.

Page 222: Approchez lentement la page de votre visage et, ensuite, éloignez-la. Vous y êtes—une extraction sans douleur!

Page 223: Inversez la page.

Page 224: Oui. Il y a de l'impossible. Comptez le nombre de marches. Vous en trouverez soit 9, 5 ou 3.

Page 225: Inversez la page pour le trouver.

Page 226: Rien. Il est parfait, mais les côtés semblent courbés. Cela s'explique par les cercles de l'arrière-plan.

Page 227: Une solution ou l'autre.

Page 228: Pour le trouver, inversez tout simplement la page.

Page 229: Yes elle est. C'est une autre illusion dans laquelle les lignes de fond tordent l'image.

Page 230: C'est un " carré magique ". Le total de chaque ligne horizontale est 264, de même que des lignes verticales et diagonales. Le total est aussi le même si vous inversez la page.

Page 231: Oui, mais elles semblent différentes en raison de leur emplacement dans l'angle.

Page 232: Inversez la page afin de voir de quoi il avait l'air.

Page 233: Un petit disque gris apparaît au centre.

Page 234: Les deux ensembles sont semblables, mais les objets pâles ont l'air plus gros que les objets foncés.

Page 235: L'une et l'autre solution.

Page 236: C'est une fourchette impossible! Vous ne pourriez en fabriquer une, mais peut-être pouvez-vous la dessiner?

Page 237: Un chat noir dans une mine de charbon qui mange de la réglisse à minuit.

Page 238: Inversez l'image afin de voir ce qui a inspiré le nom de la peinture.

Index

CASSE-TÊTE/JEUX
14, 95 $
Can. 21, 95 $

Ce que vous voyez n'est pas toujours ce qui est là!

Ces casse-tête avec illusions d'optique vous tromperont et déjoueront votre perception. Vous pouvez voir des choses qui ne sont pas là et ne pas remarquer celles qui sautent aux yeux. Une chose est certaine, vous aurez des défis à relever, vous vous amuserez et apprécierez les distractions des trucs géométriques et physiologiques, des illusions psychologiques, de la logique latérale et des labyrinthes tridimensionnels.

Déterminez lequel des frères jumeaux a le plus gros appétit, et ce, simplement en regardant un dessin des deux (ces messieurs ne sont pas identiques—vraiment?).

À l'aide de sept labyrinthes, vous pourrez entrer dans un immeuble, ouvrir et fermer des portes, emprunter des escaliers, visiter des pièces étranges et trouver des murs sans portes!

Est-ce que le zèbre est un animal blanc à rayures noires ou noir à rayures blanches? Vous devrez vérifier cette illustration plus d'une fois avant de prendre votre décision.

Vous fixerez de près un damier circulaire; il semblera vibrer et chatoyer. Vous remarquerez peut-être aussi que les pièces blanches et noires réunies forment les pétales d'une fleur. Super trouvez les causes de ces illusions.

Avantage supplémentaire: réalisez des trucs et fabriquez des jeux qui sont des illusions d'optique, à l'aide d'une feuille de calepin, d'un tube, d'un verre d'eau, d'un crayon et même de vos propres doigts.

La seule chose qui ne sera pas une illusion, c'est le plaisir que vous en retirerez!

Un livre de Main Street

Conception artistique de la couverture: Bill Milne